GUIA PRÁTICO DAS NOVAS FERRAMENTAS COMERCIAIS

MENOS MAIS DO MESMO!

G943   Guia prático das novas ferramentas comerciais : menos mais do mesmo : da
        construção da marca ao atendimento ao consumidor / [Alexandre Bastos
        Moreira Lima ... et al.] . – Porto Alegre : Bookman, 2016.
        304 p. il. ; 21 cm

        ISBN 978-85-8260-378-9

        1. Marketing. 2. Marca – Branding. 3. Atendimento ao consumidor. I.
        Lima, Alexandre Bastos Moreira.

                                                                CDU 658.8(036)

Catalogação na publicação: Poliana Sanchez de Araujo – CRB 10/2094

GUIA PRÁTICO DAS NOVAS FERRAMENTAS COMERCIAIS

MENOS MAIS DO MESMO!

DA CONSTRUÇÃO DA MARCA
AO ATENDIMENTO AO CONSUMIDOR

bookman

2016

© Bookman Companhia Editora, 2016

Gerente editorial: Arysinha Jacques Affonso
Colaboraram nesta edição:
Editora: Verônica de Abreu Amaral
Preparação de originais: Lívia Allgayer Freitag
Assistente editorial: Camila Piccinini
Capa, projeto gráfico e editoração: Paola Manica

Reservados todos os direitos de publicação à
BOOKMAN EDITORA LTDA., uma empresa do GRUPO A EDUCAÇÃO S.A.

Av. Jerônimo de Ornelas, 670 – Santana
90040-340 – Porto Alegre – RS
Fone: (51) 3027-7000 Fax: (51) 3027-7070

Unidade São Paulo
Av. Embaixador Macedo Soares, 10.735 – Pavilhão 5 – Cond. Espace Center
Vila Anastácio – 05095-035 – São Paulo – SP
Fone: (11) 3665-1100 Fax: (11) 3667-1333
SAC 0800 703-3444 – www.grupoa.com.br

É proibida a duplicação ou reprodução deste volume, no todo ou em parte, sob quaisquer formas ou por quaisquer meios (eletrônico, mecânico, gravação, fotocópia, distribuição na *Web* e outros), sem permissão expressa da Editora.

IMPRESSO NO BRASIL
PRINTED IN BRAZIL

AUTORES

ALEXANDRE BASTOS MOREIRA LIMA
Especialista em *Marketing* Estratégico pela UFSC, professor do MBA em *Branding* pela Univali e sócio-fundador da Glóbulo – Marcas de Propósito.

ANDRÉ SIQUEIRA
Bacharel em Administração, *head* de conteúdo e cofundador da empresa Resultados Digitais (RD).

EDUARDO PRANGE
Possui MBA em Gerenciamento de *Marketing* (INPG) e MBA em Planejamento Estratégico e *Marketing* Interativo (FIT/SP). Fundador e diretor de negócios da Seekr – Gestão e Monitoramento de Marcas em Mídias Sociais. É professor da pós-graduação em *Marketing* Digital da Universidade Regional de Blumenau (FURB), professor das disciplinas de SAC 2.0 e Gerenciamento de Crise em Mídias Sociais na Internet Innovation e Empreendedor Promessas Endeavor.

EMILIA CHAGAS
Jornalista pela Universidade Federal de Santa Catarina (UFSC). Cofundadora da Contentools, plataforma de *Marketing* de Conteúdo. Empreendedora no Startup Brasil, Promessas Endeavor e 500 Startups (batch 12).

FABRÍCIO UMPIERRES RODRIGUES
Jornalista pela Universidade Federal de Santa Catarina. Especialista em Gestão Empresarial Estratégica pela Faculdade SENAC/SC. Coordenador de Assessoria de Imprensa na Dialetto. Editor do portal TI SC.

HENRIQUE HERCULANO TORMENA
Engenheiro Mecânico pela Universidade Estadual de Maringá. Coordenador de apoio a empreendedores na Endeavor.

JÚLIA CAVALER GHISI

Designer gráfico pela UFSC. Especialista em *Design* Centrado no Usuário pela Universidade Positivo. Diretora de planejamento e consultora de *User Experience* na Catarinas Design.

PRISCILLA ALBUQUERQUE

Possui MBA em Gestão Estratégica do *Design* pela Univali/SC e é especialista em *Design* Centrado no Usuário pela Universidade Positivo. Diretora de negócios e consultora de *User Experience* na Catarinas Design. Professora na disciplina de *Design* de Interação da pós-graduação em Mídias Digitais da Faculdade Estácio de Sá. Líder local do IxDA Florianópolis (associação de *designers* de interação).

RICARDO HEIDORN

Bacharel em Administração de empresas pela FURB com MBA em Gerenciamento de *Marketing* (INPG) e MBA em Planejamento Estratégico e *Marketing* Interativo (FIT/SP). CEO da Seekr - Gestão e Monitoramento de Marcas em Mídias Sociais. Tem experiência há pelo menos nove anos como empreendedor e consultor de empresas de tecnologia e há mais de cinco anos acompanha processos de relacionamento de marca e consumidores do ambiente digital por meio dos clientes da Seekr.

RODRIGO LÓSSIO

Jornalista pela UFSC, com especialização em Propaganda e *Marketing* pela Univali e MBA em Gestão de Negócios Interativos pelo iGroup. Consultor em comunicação corporativa e empresário. Atua há mais de 10 anos como empreendedor e consultor para organizações e empresas de tecnologia de todos os portes. É diretor da Dialetto e editor executivo do blog TI Santa Catarina.

THÉO OROSCO

Bacharel em Administração com habilitação em *Marketing* pela SOCIESC. Graduado em *Design* de Produtos pelo IFSC. Pós-graduado em Gestão Estratégica pela UNIVALI. É CEO da empresa Exact Sales - empresa *top marketing* e vendas ADVB 2015. É mentor Endeavor, um dos maiores grupos de apoio ao empreendedor do mundo. Foi fundador e atuou como Diretor de Projetos da empresa Dois pra Um Design. Trabalhou como consultor de empresas, com foco em inovação e processos comerciais. Em trabalho desenvolvido para empresa Welle Laser, foi um dos responsáveis pelo atingimento do posto de maior crescimento do Brasil dentre as MPEs – Revista EXAME e consultoria Deloitte. É premiado em concursos como Michelin Challenge Design (projeto exposto no Salão do Automóvel de Detroit 2011), Prêmio IDEA Brasil, Top of Business, Sinapse da Inovação e Prêmio ABRE.

Dedicamos este livro a todos os empreendedores brasileiros que buscam o conhecimento e que apostam na evolução constante de sua empresa como forma de atingir o sucesso. Esperamos que este material os auxilie no entendimento de cada uma das práticas comerciais mais atuais sob o ponto de vista dos líderes das empresas que têm atuado com mais destaque na aplicação de novos conceitos. Buscamos abordar o assunto desde a construção da marca, passando por experiências, ganho de autoridade, segmentação com ganho de foco, processos de vendas e chegando ao processo de atendimento ao consumidor.

Boa leitura!

SUMÁRIO

01	O EMPREENDEDORISMO NO BRASIL	10
02	*BRANDING*: A FORÇA DA ESTRATÉGIA DE MARCA	26
03	UX E O *DESIGN*	54
04	ASSESSORIA DE IMPRENSA PARA POSICIONAR-SE NO MERCADO	82
05	GERAÇÃO DE CONTEÚDO DIGITAL	110
06	COMO ESCALAR SEU NEGÓCIO USANDO *COMARKETING*	148
07	*INBOUND MARKETING*	166
08	FLUXO DE NUTRIÇÃO	190
09	QUALIFICAÇÃO DE *LEADS* POR PRÉ-VENDAS	212
10	VENDAS COMPLEXAS	242
11	MONITORAMENTO DE MÍDIAS DIGITAIS	258
12	SERVIÇO DE ATENDIMENTO AO CONSUMIDOR 3.0	276

CAPÍTULO 01

O EMPREENDE-DORISMO NO BRASIL

HENRIQUE TORMENA
ENDEAVOR

A PALAVRA EMPREENDEDORISMO

Contextualizar o cenário do empreendedorismo brasileiro sem antes explorar o significado da palavra empreendedorismo pode ser um tiro no pé. É mais fácil dizer que exploraremos a palavra do que defini-la, já que o uso amplo do conceito pode se aplicar a diferentes leitores – não só a fundadores de negócios, mas também a executivos, políticos, acadêmicos e a quem queira entender mais sobre o cenário empreendedor brasileiro.

Indo além de fundar uma *startup* ou começar um negócio, empreender está muito mais relacionado a comportamentos e atitudes que um indivíduo pode tomar. No conceito mais amplo, empreender significa aplicar esforços visando atingir resultados. A partir disso, começamos a desdobrar seu sentido para diferentes pessoas.

Imagine um prefeito que queira construir um hospital público na cidade. Existe um enorme caminho a ser percorrido antes de o hospital ter capacidade de receber os cidadãos dessa cidade que precisem ser operados, tratados, atendidos: levantar o capital necessário, encontrar bons fornecedores para o projeto, construir e executar o projeto, contratar funcionários, entre outras inúmeras ações. O prefeito provavelmente não conseguirá fazer tudo sozinho. Vai precisar da ajuda dos vereadores, dos secretários, da equipe executiva – ou seja, de pessoas. Mais do que precisar da ajuda, ele precisará garantir que essas pessoas estejam engajadas como ele para que o hospital comece a funcionar.

Aliado a tudo isso, terá que lidar com todas as possíveis adversidades que surgirão: a oposição criticando os gastos, os fornecedores que talvez atrasem as entregas, as esferas federais ou estaduais que poderão deixar de dar suporte, etc. Poderemos dizer que o prefeito empreendeu um esforço enorme ao término do projeto, quando os pacientes finalmente puderem ser atendidos, os médicos e enfermeiros estiverem "operando a fábrica" e o acesso à saúde da população estiver contribuindo para o aumento da qualidade de vida da sociedade.

A palavra empreendedorismo é comumente associada à criação de novas empresas e negócios, e a interpretação a ser feita no decorrer deste capítulo acerca da palavra pode ser (e será) essa. Contudo, não poderíamos deixar de dizer que todos nós podemos incorporar esse espírito empreendedor, independentemente da atividade.

A ENDEAVOR

A ideia surgiu na década de 1990, quando Linda Rottenberg estava na Argentina e deparou-se com um ambiente que não favorecia a cultura empreendedora e, portanto, não tinha tantos exemplos e pessoas inspiradas a empreender. Quando vislumbrou que esse era o cenário de outros países, desenvolveu o modelo de operação que passou a chamar de Endeavor e não mediu esforços para levar o modelo para diversas regiões. Beto Sicupira a conheceu, gostou da ideia e mobilizou outros grandes empreendedores para trazer a operação para o Brasil no início de 2000. Hoje, estamos em mais de 20 países, e, no Brasil, há escritórios espalhados por diversos estados.

Na Endeavor, acreditamos que a força do exemplo inspira e motiva as pessoas a definir seus sonhos e escolher seus caminhos. O exemplo se constrói pela execução, por aquilo que é construído pelas pessoas, e não somente pelo que é dito. O modelo da Endeavor é pautado na seleção e no apoio a empreendedores que queiram construir negócios grandes. Compartilhando suas histórias e seus aprendizados práticos, queremos inspirar e capacitar outros empreendedores e aspirantes a empreendedores. Trazendo a visão de quem está na linha de frente do empreendedorismo, geramos dados e mobilizamos os atores-chave para ajudar a provocar mudanças no ecossistema empreendedor brasileiro.

Ao longo desses 15 anos, continuamos procurando e selecionando empreendedores dos mais variados segmentos, buscando evidências de que estejam construindo modelos de negócios diferenciados em mercados que comportem grandes empresas. Casos como o do Grupo Trigo e o do Beleza Natural são dois dos exemplos do que queremos encontrar e potencializar. Para receber apoio, o empreendedor passa por um rígido processo seletivo, no qual a rede de mentores e embaixadores da Endeavor se envolve ativamente, procurando analisar o modelo de negócio do empreendedor e entender como a Endeavor pode ajudá-lo a ser mais bem preparado e tomar melhores decisões.

EMPREENDEDORISMO NO BRASIL

Quando a gente ouve falar que empreender no Brasil é coisa de herói, não é exagero. O país, que é a sétima maior economia do mundo e tem uma população de pouco mais de 200 milhões de habitantes, está apenas na 116ª colocação em facilidade de fazer negócios (DOING BUSINESS, c2015). Dificuldades relacionadas às normas tributárias e à adequação da legislação são exemplos de fatores que atrapalham muito os empreendedores no Brasil. Entretanto, existem inúmeras oportunidades no Brasil para empreender – o fato de existirem economias mais maduras do que a nossa permite que estudemos a trajetória de negócios em outros países antes de criarmos os nossos.

A Organização para a Cooperação e Desenvolvimento Econômico (OCDE) estabelece seis pilares como essenciais para tornar um país mais empreendedor: ambiente regulatório, mercado, acesso a capital, inovação, capacitação e cultura. Não necessariamente os melhores países em ambientes empreendedores têm enorme destaque em algum dos pilares, mas eles conseguiram levar todos os pilares a desenvolver-se.

Um estudo realizado pela Endeavor em parceria com a SAP, líder mundial no mercado de *software* empresarial, analisou o estado desses seis pilares no Brasil (MELHADO; GONÇALVES, 2013). Quando analisamos o ambiente regulatório brasileiro, encontramos um grande obstáculo para que os negócios cresçam por aqui. De acordo o estudo supramencionado, os indicadores associados ao pilar de ambiente regulatório são os que apresentam os piores resultados para o Brasil. Os empreendedores levam, em média, quatro meses para abrir uma empresa no Brasil – tempo que pode ser maior em algumas cidades. Para declarar e pagar os impostos, levam mais tempo do que no mundo inteiro: 2.600 horas em média. Como se a demora não bastasse, as regras mudam com uma frequência alta, o que deixa o sistema tributário bem complexo. Desde 1988, foram criadas cerca de 12 mil novas normas tributárias. Apesar de todas as alterações, os empresários continuam considerando algumas regras rígidas para o dinamismo exigido pelo mercado. Em especial, as regulações do mercado de trabalho brasileiro receberam uma das piores avaliações dos executivos em todo mundo, com nota igual a 4,5 (o máximo é 10).

Olhando para o pilar de acesso a capital, ainda que empreendedores tenham certa disponibilidade de acesso a crédito, temos que lidar com as altas taxas de juros, a exigência de garantias reais e o longo tempo até que o capital esteja disponível. A diferença entre o Brasil e os Estados Unidos quando o assunto é capital de risco é gigante, e não apenas pela quantidade de capital disponível, mas também pelo tempo que se leva para conseguir o dinheiro em caixa.

Quanto ao próximo pilar, os empreendedores brasileiros têm a pior taxa de inovação empresarial no mundo (11%), ao lado de Trinidad e Tobago e Bangladesh. Há oportunidades para aproximar as universidades das empresas, ampliando a disponibilidade de cientistas e pesquisadores, ainda considerada baixa pelos empreendedores. Aumentar a proteção à propriedade intelectual e simplificar o processo de obtenção de patentes também podem contribuir: a proteção jurídica no Brasil é avaliada por executivos com uma nota igual a 3,8 (o máximo é 10), e, hoje, o empreendedor brasileiro leva, em média, 5,4 anos para obter a concessão de uma patente.

O empreendedorismo também está intimamente associado aos níveis de educação de um país. Ainda há um grande déficit a suprir em relação à educação nacional: hoje, só 17,8% da população jovem brasileira (entre 18 e 24 anos) está matriculada nas universidades. Além disso, empreendedores precisam de gestores e executivos melhores.

Apesar de tudo isso, a cultura empreendedora brasileira é, hoje, referência mundial. Entre empreender ou ser funcionário de terceiros, 76% dos brasileiros prefeririam a primeira opção – a segunda maior taxa do mundo. Ainda assim, apenas 9% dos brasileiros adultos receberam algum tipo de capacitação sobre como abrir seu negócio, taxa muito menor do que a encontrada em outros países da América Latina (no Chile, por exemplo, essa taxa é superior a 40%).

O Brasil tem o sétimo maior mercado doméstico em todo o mundo, e, recentemente, cerca de 40 milhões de brasileiros atingiram a classe média, movimentando, por meio do consumo, cerca de um trilhão de reais (MELHADO; GONÇALVES, 2013). Apesar de a qualidade geral da infraestrutura não ser das melhores, cabem muitas empresas grandes num país como o Brasil e ainda há muitas oportunidades para criar negócios – esse é o "copo cheio" da história. A maior rede de franquias de cosméticos do mundo está aqui (Grupo Boticário) e um dos três maiores fabricantes de aviões também (Embraer). O próprio Beto Sicupira destaca uma das vantagens de empreender no Brasil:

> Temos uma grande vantagem ao começar um negócio no Brasil. No nosso mercado, podemos copiar, melhorando uma iniciativa que já existe em economias mais maduras. Por isso, antes de inovar, veja se não dá para copiar: pesquise outras indústrias e outros países e traga o que você aprender para a sua. Se não tiver jeito, invista em pesquisa e desenvolvimento, mas suas chances serão mais remotas. Tenha orgulho de copiar, melhorando coisas que já existem! (SICUPIRA, 2015).

Pense nos desafios logísticos que o Brasil possui. Comparativamente com nossos vizinhos Paraguai e Uruguai, temos uma população dezenas de vezes superior e distribuída ao longo de um território proporcionalmente maior. É lógico pensar que o potencial de grandeza das empresas siga o mesmo raciocínio.

Foi nesse contexto que surgiu a ALL, uma das empresas administradas pela equipe da GP Investimentos. Da ALL, surgiram executivos que hoje estão à frente de empresas globais (3G Investimentos, Burger King, Heinz). A ALL cresceu muito com o estilo de cultura e gestão que veio do Banco Garantia, encabeçado por Jorge Paulo Lemann, Beto Sicupira e Marcel Telles, e, recentemente, foi fundida com a Rumo, subsidiária logística da Cosan, um dos maiores grupos econômicos privados do Brasil.

O EMPREENDEDOR BRASILEIRO

Recentemente, a Endeavor Brasil e o Grupo Troiano, do segmento de *branding*, conduziram um estudo visando entender melhor o retrato do empreendedor e do empreendedorismo no Brasil e identificar os perfis dos empreendedores brasileiros. Como vimos, o Brasil é um dos países em que a cultura empreendedora é muito presente na sociedade e o desejo do brasileiro de ter seu negócio é grande. Entre os quase 4 mil entrevistados, 61% afirmaram ter planos de abrir o próprio negócio nos próximos cinco anos. O que pode atrapalhar os planos de muita gente é o fato de empreender ser um caminho bem árduo, dado que três de cada quatro daqueles que desejam empreender buscam mais ter qualidade de vida do que não medir esforços para fazer sua empresa crescer muito (ou crescer muito dentro de uma empresa). Além disso, só um terço dos entrevistados fez algum curso relacionado a empreendedorismo. Ou seja, há muito espaço para melhorar.

Empreender é uma ciência sem muitas leis irrefutáveis – ou melhor, é uma prática em que fazer diferente e buscar quebrar dogmas compõem os fatores de sucesso. O empreendedorismo está intimamente ligado à inovação, que parte do pressuposto do novo, do nunca antes visto. Entretanto, podemos considerar que haja características imutáveis ou, no mínimo, muito importantes para a construção de grandes negócios? A resposta inicial é que sim, por mais que algumas coisas possam ser alteradas, podemos dizer que existem outras que sempre serão importantes. Hoje, por exemplo, é inegável que é fundamental ter pessoas boas com o empreendedor para fazer o negócio crescer – será que em cem ou mil anos os empreendedores poderão confiar apenas em máquinas?

O estudo da Endeavor Brasil e do Grupo Troiano também trouxe cinco características relacionadas ao comportamento empreendedor, que formam a primeira dimensão do empreendedorismo no Brasil. Essas características separam as pessoas de comportamento empreendedor daquelas que não têm tal comportamento, e não os empreendedores dos não empreendedores. Isso não está relacionado diretamente com os valores em que cada um acredita ou pratica nas empresas.

OTIMISMO: é a capacidade de ver o copo cheio mais vezes do que enxergá-lo vazio. Está muito relacionado a ver os problemas e não desanimar, enxergar possibilidades de solução e encarar as dificuldades pelo lado favorável. Otimismo não é fechar os olhos para a realidade quando ela é árdua, mas saber fazer uma ótima leitura dela e ter o ímpeto de encará-la.

AUTOCONFIANÇA: é ter segurança e confiança em si próprio. Empreendedores tomam inúmeras decisões ao longo do dia, e ter capacidade de tomar decisões está diretamente relacionado à confiança.

CORAGEM PARA ACEITAR RISCOS: é fazer o possível para reduzir riscos, mas entender que correr riscos é algo bom, emocionante, que traz energia. O medo pode existir, mas não paralisa, e os fracassos são encarados como aprendizado. É diferente de temeridade, que implica encarar a realidade sem nem se preocupar com os riscos.

DESEJO DE PROTAGONISMO: é uma grande vontade de estar no volante, de tomar as rédeas, de obter reconhecimento pela realização.

RESILIÊNCIA: é acreditar no potencial do sonho até o fim, aprendendo rápido a superar os fracassos e as dificuldades. A jornada é cheia de intempéries e pode ser difícil trilhá-la, mas o que importa é a chegada.

Tais características compõem um comportamento empreendedor, porém, elas não colocam outras características como menos importantes. Entretanto, é importante ressaltar que a ausência de uma das cinco características listadas leva a engrenagem a não rodar perfeitamente. Além disso, as cinco devem ser encaradas como um grupo, e não isoladamente. Por mais que alguém seja muito otimista, corajoso, autoconfiante e deseje o protagonismo, se não tiver resiliência, muito provavelmente não terá fôlego suficiente para ir até o fim da empreitada – não caracterizando, portanto, o comportamento empreendedor.

Numa segunda dimensão, conseguimos enxergar os empreendedores brasileiros pelo *modus operandi*. É a definição do "como" a jornada é realizada. O modelo de gestão é o conjunto de ações, hábitos e valores que compõem a rotina da empresa e o dinamismo do dia a dia.

PATERNALISTA: valoriza as pessoas e o clima da empresa acima de tudo. Quer crescer, mas não abre mão dos seus valores para isso, muitas vezes sacrificando um crescimento mais acelerado.

LÍDER: engaja as pessoas, é inspirador. O líder é aquele que mobiliza as pessoas em prol de um objetivo, que inspira e leva as pessoas a seguirem-no por vontade própria.

DEMOCRÁTICO: busca construir um ambiente democrático e, por isso, está mais disposto a ouvir e dividir as responsabilidades da tomada de decisão com a equipe.

VISIONÁRIO: é aquele criativo, que aponta o caminho. Vê soluções diferenciadas, inovadoras para as lacunas do mercado.

TRATOR: é famoso pela execução, por ser mão na massa e exemplo por suas ações. O foco é muito forte na obtenção de resultados.

A terceira e última dimensão é a motivacional e talvez seja a mais relacionada ao âmago da pessoa, ao porquê de ser empreendedor. O estilo de gestão e as características de empreendedores podem ser desenvolvidos, mas a razão de empreender é algo mais profundo.

NATO: "tenho alma de empreendedor". É o empreendedor em sua forma mais pura; sua motivação principal é a realização dos sonhos. A tendência é que sempre seja empreendedor, mesmo trabalhando para outras pessoas (intraempreendedor). Em geral, tem o empreendedorismo no sangue, é otimista e autoconfiante e busca sempre ser o melhor.

"MEU JEITO": "o melhor jeito é o meu jeito". Quer fazer as coisas do jeito que acredita que tem que ser. Isso pode significar trabalhar com carga horária flexível, com processos diferentes. Pode ter saído de empresas porque acreditava que pudesse resolver o problema de maneiras melhores ou diferentes. Em geral, tem dificuldade de trabalhar em algo em que não acredita. Mesmo quando trabalha para alguém, pode ser bastante crítico e propor mudanças. Em geral, autônomos, profissionais liberais e consultores estão concentrados neste perfil.

SITUACIONISTA: "fui levado ao empreendedorismo". É aquele que é levado a empreender por questões mais circunstanciais: oportunidade que "caiu no colo", insatisfação com o mercado atual, vontade de tentar algo novo. A motivação principal é a oportunidade, a situação. É o perfil que menos abriga as características de comportamento empreendedor.

HERDEIRO: "fui incentivado a ser empreendedor". Cresceu muito próximo a um modelo empreendedor e foi incentivado a seguir esse caminho. A herança pode ter sido material, por meio do negócio construído pela família, ou cultural, pelo convívio intenso com outros empreendedores ou pelo trauma por presenciar a insatisfação de pessoas que trabalhavam para outros empreendedores. A motivação principal é sempre a experiência, seja positiva ou negativa. Em geral, os empreendedores deste perfil têm o *know-how* de como ser empreendedor e, junto com os do perfil nato, têm o empreendedorismo correndo nas veias.

IDEALISTA: "quero mudar o mundo". Para o perfil idealista, empreender é uma forma de garantir que seus valores e ideias não sejam negligenciados. O empreendedor deste perfil busca contribuir para uma transformação social ou ajudar a melhorar a vida de um grupo de pessoas. A motivação principal é contribuir e fazer sua parte, mas sem abrir mão dos valores.

"BUSCA DO MILHÃO": *"show me the money!"*. Busca empreender como forma de criar fortuna. A maior motivação é o acúmulo de capital, e, em geral, os empreendedores deste perfil são ambiciosos/gananciosos. Há uma grande concentração de jovens adultos (entre 25 e 34 anos) neste perfil.

Normalmente, as pessoas não têm apenas um perfil – pelo contrário, é um mix de perfis que compõe as pessoas –, mesmo que haja um dominante. Um teste para verificar seu perfil de empreendedor está disponível gratuitamente no *site* da Endeavor[1].

FRACASSO, SUCESSO E APRENDENDO COM A JORNADA

O mundo dos negócios não é tão diferente do mundo dos seres humanos: empresas nascem e morrem diariamente,

---

1 http://quiz.endeavor.org.br/perfilempreendedor/

crescem e se fortalecem. Elas são como os humanos: enquanto alguns adoecem, outros poucos se destacam e são reconhecidos por isso, porém, constantemente são superados por novos seres que nascem mais fortes, mais capacitados ou preparados.

Alguns encaram o fracasso como a gripe: o mesmo vírus não funcionará da próxima vez, seu corpo aprendeu a criar anticorpos efetivos contra o vírus; essas pessoas também sabem que vírus diferentes virão e, por isso, estarão bem agasalhadas e alimentadas para tentar evitar os vírus dali para a frente. Outras pessoas encaram o fracasso da mesma forma, mas nunca mais sairão de casa no frio com receio de pegar outra gripe – e pode ser que nunca mais adoeçam, mas se privarão das oportunidades.

As histórias de fracasso servem para nos ensinar a mitigar os erros e tentar traçar caminhos diferentes. Já comentamos que o empreendedorismo é uma ciência inexata; logo, não sabemos se o novo caminho dará certo (e, se der, quando dará), o que torna provável que tenhamos que lidar com nossas próprias histórias de fracasso. É aí que a resiliência tem seu papel fundamental – agir rápido, com sabedoria e motivação, diante dos fracassos pode fazer o erro ter sido "a melhor decisão" que você poderia ter tomado em determinado momento.

Lidar com o sucesso é tão importante quanto lidar com o fracasso. O sucesso implica basicamente ter êxito em algo, o que é fundamental para as empresas crescerem – nenhuma empresa vive sem resultados positivos. Entretanto, ele não deve tirar a preocupação das empresas em diferenciar-se, em ter vantagens competitivas que permitam que elas continuem crescendo, em reduzir os custos e as despesas desnecessários, entre outras. O sucesso tem muito a ensinar, tanto quanto o fracasso – se crescemos e fizemos um bom ano, o que poderíamos ter feito para crescer mais, ter melhores resultados? Esse tipo de reflexão não está relacionado ao sucesso e sempre pode ser feito.

O comportamento durante a jornada empreendedora é o que dita, em grande parte, os sucessos e os fracassos dos negócios. Quando empreendedores criam negócios, criam também a incrível habilidade de serem capazes de tomar a maioria das decisões diante de um negócio (você pode não decidir do que as pessoas que trabalham com você gostam, mas pode decidir contratar apenas pessoas que se pareçam com você ou que gostem das mesmas coisas que você) e arcar com os ônus e os bônus que elas trazem.

Em tempos de crise, você pode decidir se quer ou não participar da crise. Aquilo que você não tem poder de influenciar deve ser foco das discussões do seu negócio? Dado o cenário, quais são os fatores sobre os quais você tem capacidade de ação que podem direcionar o barco para a direção correta, mesmo em maré brava? Quais são as forças do seu negócio que podem reforçar o barco em mar turbulento?

REFERÊNCIAS

DOING BUSINESS. *Economy rankings*. [S. l.: s. n], c2015. Disponível em: < http://www.doingbusiness.org/rankings>. Acesso em: 27 nov. 2015.

MELHADO, J.; GONÇALVES, P. *Observatório do empreendedorismo*. [S. l.: s. n], 2013. Disponível em: < https://rdstation-static.s3.amazonaws.com/cms%2Ffiles%2F6588%2F1425322708Observat%C3%B3rio+do+Empreendedorismo+-+relat%C3%B3rio.pdf>. Acesso em: 27 nov. 2015.

SICUPIRA, B. *Os 7 passos para colocar seu sonho grande de pé*. [S. l.: s. n], 2015. Disponível em: < https://endeavor.org.br/prefacio-vqd-sonho-grande/>. Acesso em: 27 nov. 2015.

CAPÍTULO 02

BRANDING: A FORÇA DA ESTRATÉGIA DE MARCA

ALEX LIMA
GLÓBULO

OU PELO AMOR OU PELA DOR

Não sou uma pessoa religiosa, porém gosto bastante de imergir nesse universo. Às vezes me pego analisando comportamentos religiosos e seus processos de inclusão, pertencimento, encorajamento, mudança de caminho, transformação e evolução social e coisas do gênero. Os exemplos que coleto são sempre positivos? Claro que não. Há algumas coisas pra lá de estranhas também – tanto eu quanto você sabemos – e isso também é interessante de perceber: manipulação, extorsão, lavagem mental, engano, distorção de informação, distração proposital, ativação pelo medo, senso de urgência e essas coisas caóticas. Tem de tudo.

Como se trata de uma análise superficial, tenho em mente que a distância do assunto deve existir e que a imparcialidade é a minha principal ferramenta nessas ocasiões. Ressalto que faço isso como um *hobby*, sem nenhum aprofundamento teórico e sem a mínima intenção de crer ou fazer alguém acreditar que um lado é melhor ou pior, que é válido ter certa crença ou que é prejudicial seguir um determinado caminho. Faço pra mim, apenas. Não procuro a salvação agindo assim, procuro entendimento. Faço pelo exercício de aprender com isso. Vejo programas de televisão, escuto pregações no rádio, pesquiso vídeos na internet, leio sátiras e artigos sérios, sei letras de cantigas e alguns salmos. Conheço a ordem de alguns rituais e já consigo até antecipar o pedido que vem depois de uma parábola. Tudo isso apenas pelo interesse comportamental. Sim, todos temos algo de estranho, não é mesmo?

Quando faço "exercícios" de analisar o comportamento de pessoas envolvidas com a religião X ou Y, estou distante e sem apego emocional. Observando sem julgamentos, tento entender o comportamento de um líder e de seus liderados, procuro sentir a promessa e a entrega, o local onde estão inseridos, os rituais envolvidos, a luz, o som, o cheiro, os símbolos, as linguagens corporais, as mensagens que muitas vezes só os que pertencem àquele contexto conhecem, como se isso fosse uma barreira hierárquica para novos entrantes ou uma forma de mostrar mais conhecimento aos novatos, como médicos e advogados bem o fazem com suas grafias e palavras que demonstram certo distanciamento em relação aos não iniciados. Tento entender a vibração, sentir o que sentem, viver o que vivem, perceber suas dores e seus ganhos. Em grande parte das vezes, acho que entendo. Acho, porque não vivi, de fato, essas histórias. A questão é que algo pode não fazer sentido pra mim, mas para alguém está fazendo. É nesse sentido que procuro a resposta.

Pense numa igreja e relacione esse local a outro espaço físico qualquer, como um templo, com cheiros e rituais específicos, ou uma loja da Apple ou da Harley-Davidson, por exemplo. O que muda? Há a representação do bem e do mal, do certo e do errado, seja nos mantras entoados ou nos líderes, nos concorrentes ou nos estados mentais estimulados.

Temos, em casos de grandes marcas, missões claras e propósitos definidos. Temos fiéis e guias, produtos e serviços, engajamento, pessoas que discordam e defensores. Temos histórias, níveis de conhecimento, linguagens; envolvemo-nos e vivenciamos muito além do que é ofertado. Temos, acima de qualquer coisa, a presunção da garantia de uma promessa clara e de sua entrega. Temos fé, independentemente do grau, de que algo que procuramos será entregue, seja o próximo milagre ou a sensação de viver uma magia. Temos, na grande maioria dos casos, o intangível como a base que sustenta todo o relacionamento. Isso é o que eu entendo que envolve uma marca, não apenas aquele desenho que a representa graficamente (uma cruz, um pássaro, um cordeiro, um coração), assim como em qualquer religião.

Destacarei, neste capítulo, os passos bons, sem a intenção de discutir as funções, os erros estratégicos, as características ou os detalhes de uma ou outra religião, uma ou outra marca, uma ou outra ideia, enfim. Não quero que esta leitura pareça um estudo de caso, apenas pretendo mostrar minha visão positiva deste mundo – o do *branding*. Gostaria de destacar o que pode ser bom, pois pretendo que você se beneficie disso.

Paulo Lima, um jovem amigo que ensina técnicas e ferramentas de *branding* pelo Brasil, diz, em seus cursos, que "*branding* é amor!". Eu concordo com ele. Falo isso racionalizando, excluindo a visão romântica da questão. No dicionário Michaelis (1998), a palavra amor tem, entre seus significados, os seguintes: "[...] sentimento que impele as pessoas para o que se lhes afigura belo, digno ou grandioso [...]"; "[...] afeição, grande amizade, ligação espiritual [...]"; "[...] objeto dessa afeição [...]"; "[...] benevolência, carinho, simpatia [...]"; e, aproximando-se ainda mais do nosso assunto, "[...] tendência da alma para se apegar aos objetos [...]". O que pode ser mais amoroso então do que algo que se propõe a criar laços, estreitar relacionamentos, resolver problemas? Se for algo pra bonito, se for aquele namorico de verão, se for aquela relação de aparências para mostrar que se tem alguém ao lado, se for só pra contar pra todo mundo, sabemos, não é amor. Nem *branding*.

Nomeei esta seção com uma frase de cunho religioso pelo fato de o *branding* ser algo com que, pelo que entendo, você terá contato queira ou não queira, ou pelo amor ou pela dor. Se eu tivesse que resumi-lo em uma única expressão, como é o caso, é assim que enxergo o *branding*: uma ferramenta estratégica com a qual você deve começar a trabalhar ao identificar sua verdade e suas emoções, de dentro pra fora, diferenciando-se pelo que realmente é, e não pelo que quer ser; de outra forma, você vai continuar se esforçando e tentando seguir tendências desesperadamente. Para trabalhar com *branding*, é preciso evidenciar o que se é e, principalmente, construir relações verdadeiras. Essa é a parte do amor de que falo. E a dor, onde está? Está na inércia, na espera de que seu concorrente se descubra, se perceba, se apresente antes. Está na preguiça de não se modificar, se repensar, do medo de uma autoanálise profunda. Está na promessa que não se consegue cumprir. Está na ilusão de sustentar algo que não é verdadeiro. Qualquer um desses sentimentos pode motivá-lo. Este é o livre arbítrio do empreender: ou o amor ou a dor.

Marca, para nós que trabalhamos na Glóbulo, é uma promessa de valor. Simples assim. Você promete algo, seja uma prestação de serviço, um produto com características adequadas ao desejo do cliente, uma experiência diferente, uma sensação positiva, não importa; o que importa é a entrega do que foi prometido. O meio em que isso se dá, as ferramentas pelas quais ocorre a comunicação, a gestão da ansiedade na entrega do prometido, tudo isso são passos extremamente importantes – e aí mora o processo de gestão da marca. Contudo, há algo que se deve ter em mente em todo o processo, e esse algo envolve a veracidade e a entrega dessa promessa. Tem que ser real, assim como no amor, e esse é o segredo.

Nos anos de 1970 e 1980, a publicidade ganhou força e, como forma cultural, passou a dizer o que fazer e onde. Beba, sinta, compre, fume. Tudo no imperativo: faça! Bastava você tomar ciência da existência do produto para a possibilidade de compra tornar-se grande. Divulgação de massa para informar, preocupação pequena ao entregar. O fim era a divulgação, e não a entrega. O que acontecia depois da entrega nesses casos? Pouca coisa, pois o relacionamento era quase nulo.

Se eu lhe prometo algo e entrego, abro, assim, novas possibilidades de novas promessas. Abro portas para me relacionar e continuar a estabelecer novas relações de confiança, de uma forma clara e com pensamentos também em negócios futuros. Isso, resumidamente, me dá a possibilidade não apenas de estar ao seu lado oferecendo novas frentes de negócio, mas também de exercer uma função de parceria, de companheirismo, de amizade. Ao desempenhar papéis que extrapolam a função do bem tangível, o processo de gestão dessa promessa traz longevidade para a marca, vira a âncora do negócio, passa a ser o norte estratégico. Identificar, construir, ampliar e fortalecer a reputação do que você se propôs a ser em essência deve ser parte fundamental do seu negócio.

Os passos a seguir mostram um pouco de como as marcas que pulsam, vivas, se elevam a patamares de idealização na mente e no coração das pessoas. As marcas que cumprem e entregam o que prometem. As marcas que realmente se importam com isso se destacam e se diferenciam. Se na próxima relação de compra você se sentir enganado por ter acreditado na promessa daquela marca e ela não tiver conseguido sustentar a qualidade do que foi ofertado (talvez seja com a empresa de telefonia, de TV a cabo ou aquela loja virtual que prometeu agilidade na entrega e até agora nada), é provável que você fique com o maravilhoso poema do grupo Molejo ecoando na sua mente: "[...] não era amor, era... cilada!".

Pronto. Se nessa breve introdução eu consegui prender um pouco de sua atenção, temos algo em comum: interesse pelo comportamento humano. Neste momento, eu imagino você se perguntando: "O que isso tem a ver com *branding*?".

A GENTE CONTA O MILAGRE E DIZ O NOME DO SANTO, SIM!

A Glóbulo começou em 2005, em Florianópolis. Digamos que não era nem a época nem a cidade perfeita para abrir uma empresa com este objetivo – trabalhar exclusivamente com gestão de marcas. Pouco se falava sobre o tema, quase ninguém entendia o que a gente oferecia e, localmente, não havia grandes empresas dispostas a contratar-nos. O assunto era novo em uma cidade que, apesar de maravilhosa, tinha, na maioria dos empresários, um perfil conservador. Entretanto, contrariando as estatísticas, eu não poderia ter escolhido nem época nem cidade melhor pra isso, pois estava fazendo parte de um movimento grande que hoje se destaca e, secretamente, contei com alguma ajuda de pessoas que provavelmente nem sabem disso.

Tivemos alguns mentores pelo caminho; muitos deles desconhecem a nossa existência, enquanto outros nos deram a oportunidade de aprender pessoalmente, trocar ideias e, de fato, crescer bem próximo a eles. Para que você também se sinta iluminado, faço questão de destacar alguns de nossos mestres de carne e osso, que nos inspiram e certamente o ajudarão em vários casos (deixo a sugestão de que você entre em contato com eles). São pessoas como Jaime Troiano, Ana Couto, Lígia Fascioni, Guilherme Sebastiany, Joey Reiman, Martin Lindstrom, Marc Gobé, Simon Mainwaring, Simon Sinek, José Martins e Fernanda Bornhausen que eu acredito que façam a diferença.

Cada um deles tem seu crédito. Todos têm conhecimento e domínio sobre diversos assuntos relacionados a *branding*. Há muitos outros além desses, é claro, mas é principalmente a junção de ensinamentos de cada um dos citados que faz minha fé nas marcas estar sempre fortalecida! Logo, meu primeiro conselho é este: corra atrás desses caras e de alguns dos que os rodeiam. Não vá esperando que milagres aconteçam, porque tem muito estudo, muito conhecimento, muita pesquisa, muito trabalho e muito suor envolvido em cada projeto. Este é o tipo de milagre que você pode esperar: aprender a gerenciar melhor seu principal ativo, que é sua marca. Amém?

MARCAS SÃO COMO PESSOAS

Se você está lendo este livro é porque provavelmente tem interesse em fazer sua ideia, seu produto, seu serviço, seu negócio crescer. Logo, peço permissão para direcionar-me diretamente a você, leitor, e confundir um pouco as coisas. Neste momento, você – e não sua empresa ou sua ideia – é a marca. Você! Faremos este exercício na primeira pessoa exatamente para construir a percepção da importância de entender que marca vai muito além de uma identidade visual, uma propaganda na televisão ou qualquer ferramenta isolada em que você possa pensar. Marca é muito mais do que isso. Marcas devem ter atitude, sensações que pulsam e vibram, que transmitem emoções, que evoluem, que falham, que acertam, que têm aliados e parceiros; além disso, marcas devem lutar contra algo que considerem importante.

Segundo Platão e, direcionando para a identidade corporativa, Lígia Fascioni, você, como qualquer pessoa, tem atributos essenciais e atributos acidentais. Os atributos essenciais são os que fazem você ser quem é, como seu senso de justiça, seu amor pelos animais, seu caráter e seu temperamento, por exemplo. São atributos que muito dificilmente se alteram com o tempo, características que estão dentro de você, fazem parte do que você considera verdade absoluta, estão em seu DNA. Já os atributos acidentais são os facilmente alteráveis, como um corte de cabelo, uma vestimenta, um acessório da moda ou uma mudança de residência. Por exemplo, a Harley-Davidson é mais do que uma empresa que vende motocicletas. Está em sua essência a liberdade, que reflete nos produtos, nos serviços, na comunicação e, também, nas motos. O que isso implica no dia a dia, na personalidade e na reputação da Harley-Davidson? Ter ciência desses pontos fortalece a consistência da mensagem que se quer transmitir.

Imagine você pegar uma foto sua de 10 anos atrás e tentar reconhecer aquela pessoa. Provavelmente algo mudou, seja uma roupa que estava moda, um cenário que já não faz mais parte de sua vida ou o aumento/a diminuição de quilos. Esses são os atributos acidentais, que se alteram sem nenhum problema, a fim de evoluir e adaptar-se aos cenários, ao mercado, aos gostos. Mesmo assim, conseguimos reconhecer a pessoa. É como olharmos para duas fotos tiradas no mesmo dia: a primeira em uma solenidade séria, tendo você como o principal palestrante sobre tendências da economia mundial ou a solução de um grande problema; a segunda foto, por sua vez, mostra você na piscina, preparando-se para empurrar um amigo na água, tendo na mão um copo de cerveja. Os trajes mudaram, o contexto mudou, provavelmente suas feições mudaram, o público presente mudou e talvez sua forma de relacionar-se com o entorno também tenha mudado. O que não muda? Você como essência. Essa essência é o que lhe faz único, é o que promove sua diferenciação e, em muitos casos, a vontade que os outros têm de estar com você, de manter relacionamentos com você.

Assim como ocorre com pessoas, entender o que integra as características emocionais da marca se faz necessário para aprofundarmo-nos no comportamento da empresa. Isso não quer dizer que o comportamento deva ser o mesmo em situações diferentes (lembre-se do exemplo das fotos na solenidade e na piscina). Adaptar atitudes, expressões, falas e modos de agir faz parte de entender o contexto e atuar com empatia para relacionar-se da melhor forma possível. O que não pode é ser quem não é, fazer um esforço para dar impressões erradas e, de uma forma nada inteligente, ter que sustentar essa posição. Isso, além de falso, parece meio esquizofrênico. O contexto muda, as atitudes mudam, mas a essência não deveria mudar.

A grande questão, seja para você ou para sua marca, é: a essência está clara para todos que se relacionam com você/com ela? Ser quem é e saber disso faz grande diferença. Seja para pessoas ou para marcas, a autenticidade é uma poderosa ferramenta de diferenciação, e diferenciação, principalmente nos dias de hoje, é uma poderosa ferramenta de venda. Quando falamos em *branding*, tenha em mente que o processo começa de dentro pra fora.

Processos de personificação para marcas possibilitam a atribuição de emoções e sentimentos humanos, que direcionam padrões de comportamento e posicionamento. Identificar e conhecer os conceitos de arquétipos, por exemplo, facilita o entendimento sobre a complexidade dos relacionamentos que a marca tem e favorece a criação de metáforas que possam ser utilizadas posteriormente em ações, conectando o lado racional e o lado emocional que envolvem as relações.

UM PRESENTE PARA VOCÊ

Vamos supor que hoje seja seu aniversário e que eu, Alex, tenha sido convidado para um encontro em sua casa pra comemorar. Além de um "obrigado pelo convite", quero lhe dar um presente. Chego à sua casa, dou-lhe um abraço e entrego meu presente pra você. Nesse momento, de uma forma simples, uma expectativa é gerada, e você, na curiosidade, corre para abrir o pacote.

Você rasga o papel e, em pouco tempo, descobre que se trata de um quebra-cabeça. Na frente da caixa, vê a ilustração do brinquedo montado, com sua figura completa identificada na embalagem. Nesse momento, só você tem acesso à imagem mental da figura total. Você pega o quebra-cabeça e, na ansiedade de começar a montá-lo, abre o pacote, esparrama as 7 mil peças em cima da mesa, joga a caixa fora e chama alguns amigos para ajudá-lo na montagem. Você dá algumas peças para um amigo, outras peças são distribuídas para outra pessoa e mais gente se junta para começar a montar. Todos juntos ficam na tentativa de concluir aquela tarefa, ajustando as peças que não se encaixam e buscando descobrir qual é a imagem que se constrói ao procurarem os pedaços que se comunicam entre si.

Acontece que o tempo vai passando, peças vão se perdendo, cada um quer começar por uma ponta, mais gente que não viu a imagem total vai chegando, a paciência vai acabando, a pressa para terminar aquela missão vai aumentando e não é preciso muito tempo para que o quebra-cabeça, que inicialmente tinha a imagem de um grande castelo, vire a casa do Frankenstein. Cada amigo faz o que quer, desenha por cima, forja novas peças, pega emprestados pedaços de outros quebra-cabeças, chama mais gente para a brincadeira e, *voilá*, temos uma nova imagem que ninguém sabe ao certo do que é.

Assim é o processo de gestão de marcas: um grande quebra-cabeça cuja imagem total é o que desejamos transmitir por pequenos pontos de contato, seja por um *site*, por uma propaganda na televisão, pela abordagem de um vendedor, pela usabilidade de um aplicativo, pelo local de trabalho, pelo texto que vai no *e-book*, pelo cheiro da loja, pelo som que assina a marca gráfica, pela estética do uniforme, pelo modelo do negócio, pelo comportamento com cada colaborador. Cada fragmento distribuído é um esforço para transmitir uma sensação, um sentimento, uma motivação, visando aproximar-se e interagir com o público.

Por menor que seja o contato do público com sua marca, pense na importância de cada peça para o quebra-cabeça. Pense com cuidado, pois a figura do Frankenstein pode estar associada à sua empresa, e você mesmo pode estar incentivando essa percepção. Distribuir as peças corretas é função da marca; fazer elas se encaixarem é tarefa dos que com ela se relacionam. Aí é que está a grande ciência que é este trabalho: saber quais peças distribuir e, principalmente, qual é a imagem que se quer transmitir quando essas peças estiverem encaixadas.

Identifique a essência de sua empresa e traduza-a nas peças que for distribuir. Para isso, darei outro presente simples a você: comece pelo porquê.

O CÍRCULO DOURADO

Não gostaria de me aprofundar muito na parte técnica ou teórica do significado de marca. Acredito que haja muita gente boa e muita informação disponível a respeito. Gostaria apenas de expressar minha percepção sobre sua importância e tentar abrir o campo de entendimento, que vai muito além do universo estético.

Considero que marcas sejam ferramentas fundamentais de negócio, criem valor de longo prazo e promovam relacionamento e engajamento em um mundo onde tudo é muito igual, muito mais do mesmo. Marcas fortes se diferenciam por atributos claros que são capazes de redefinir estratégias de empresas; elas desmaterializam a economia, são intangíveis por natureza. Uma marca forte tem que se reavaliar constantemente, olhar para seu posicionamento e responder a novas demandas. Isso não quer dizer que tenha que falar de tudo e para todos. É necessário que haja consistência nas informações.

Um direcionador extremamente importante para isso é ter claro o real porquê de sua existência. Para tal, um dos líderes mais influentes do mundo, Simon Sinek (2009), apresenta a ferramenta simples e poderosa chamada Golden Circle (círculo dourado, em português). O autor descobriu que, por trás de todas as grandes marcas de sucesso, havia uma forma similar de pensar, agir e se comunicar. Enquanto a grande massa de empresas foca os produtos ou os serviços que faz e seus atributos, as empresas com grande destaque focam o motivo pelo qual elas desenvolvem esses produtos e serviços. Sinek (2009) explica que as pessoas não compram seus produtos pelo "o quê", e sim devido ao "porquê" de ele ser feito.

Empresas tradicionais primeiramente definem o que vão fazer, depois estabelecem como fazer e apenas por último determinam por que fazer. Já marcas inspiradoras começam de dentro. Primeiramente, entendem qual é o propósito de sua existência, qual é o motivo que as leva a querer estar no mercado, seu porquê. Depois, apreendem como fazer para realizar esse propósito. No último estágio, definem o que fazer de fato.

O modelo de pensamento Golden Circle é constituído de três círculos, sendo que eles devem ser preenchidos de dentro para fora.

- **WHY (POR QUE):** aqui, a empresa precisa identificar qual é o grande motivo que a leva a ofertar produtos e serviços no mercado, ou seja, qual é sua grande motivação, no que ela acredita. Uma marca que inspira, independentemente de seu tamanho, possui muita clareza acerca de seu porquê e o utiliza para pensar, agir e se comunicar. Quando o foco está aqui, a empresa se diferencia no mercado e tem a possibilidade de explorar novos horizontes alinhados às suas crenças.

- **HOW (COMO):** somente depois que a empresa reconhece o motivo de sua existência ela precisa explicar como faz para cumprir com essa crença no mercado, para realizar seu propósito.

- **WHAT (O QUE):** envolve a descrição dos produtos ou serviços que a empresa oferece no mercado, isto é, o que a marca faz de fato.

O que acontece na maioria dos casos é que ações estratégicas estão baseadas exclusivamente em passos táticos. Seja em uma campanha isolada, uma ferramenta ou uma atividade pontual para uma demanda específica, pouco ou quase nada está intrinsicamente alinhado com os reais valores e a cultura dessa empresa. Quando digo "reais valores" não me refiro ao famoso quadro de missão/visão/valores preso na parede. Falo sobre o que realmente importa, o estado de espírito, o que pulsa dentro da empresa. Palavras bonitas que não são vivenciadas, pra mim, são apenas palavras bonitas. Podem ser vontades e desejos, mas devem ser convertidos em ações, caso contrário, perdem sua validade. O *branding* pode ajudar nesse tipo de situação, primeiramente, na identificação de o que é desejo de ser *versus* o que realmente é.

Figura 2.1 – Golden Circle.
Fonte: Adaptado de Reiman (2013).

Quantas são as empresas que você conhece que têm decorado o texto de valores, mas não executam o que está descrito ali ou fazem um esforço enorme (de dinheiro, tempo, trabalho, discurso) para ser algo que, de fato, não são? *Branding* é **ser**! Transbordar sua essência não é um passo fácil, mas certamente é a forma mais segura de alinhar a comunicação à estratégia – a comunicação dificilmente será eficaz se não estiver alinhada à estratégia da marca.

A informação que você coloca pra fora deve ser consistente com sua mensagem principal. Por isso, a multidisciplinaridade é desejada e tem que envolver todos dentro da empresa, não é nem pode ser exclusividade de um departamento. Os responsáveis pelos recursos humanos e pelo financeiro devem acordar e perceber no *branding* um aliado para a disseminação da cultura da organização. O *branding* deve ser pauta da mesa de diretoria e da vida dos colaboradores. Cada ação deve representar o comportamento da marca. Cada ato, produto ou serviço, se bem executado, deve refletir, também, no compromisso com o resultado financeiro e na fixação da cultura interna. Mais do que como uma ferramenta filosófica, o *branding* deve ser utilizado como uma suprema ferramenta de novas oportunidades de negócios.

Enquanto na revolução industrial as marcas se relacionavam principalmente por meio de produtos, hoje em dia elas (e nós) também se relacionam fortemente por bens simbólicos, bandeiras, motivos e ideias compartilhadas. Temos que ter clara, no primeiro passo, a certeza do real motivo de estar no jogo.

A Figura 2.2 apresenta uma base forte no processo de transferir as características essenciais para os atributos acidentais. Reflita como a maioria das empresas pensa

TÁTICA	ESTRATÉGIA
ESTRATÉGIA	POSICIONAMENTO | ESTRATÉGIA
VALORES	POSICIONAMENTO
CULTURA	REALINHAMENTO
PROPÓSITO	PERSONALIZAÇÃO

Figura 2.2 – Esquema de empresas de destaque.
Fonte: Adaptado de Reiman (2013).

prioritariamente na parte tática, que, de certa forma, costuma estar alinhada com a parte estratégica (às vezes, nem isso). A estratégia, em geral, está pouco ou quase nada relacionada com os reais valores e a cultura da marca. Em pouquíssimos casos o propósito está claro. O que fazer nessas situações? Inverter a direção do pensamento, começando pelo que importa – o real porquê de sua existência – para entender e fortalecer a cultura e os valores da organização. Isso certamente se espelhará mais facilmente na estratégia escolhida e se manifestará de forma adequada e coerente na parte tática.

A Disney compartilha a magia. A Apple o leva a sentir-se mais criativo, pensar diferente. A Nike acredita que em todo corpo existe um atleta. O Google, por sua vez, acredita em organizar as informações e torná-las universalmente acessíveis. Indo além das frases de efeito ou do foco no benefício racional de um serviço, você pode sentir em cada uma dessas bandeiras a expressão de sua existência e a razão fundamental de seu negócio. Sabendo disso, faço-lhe a pergunta que não quer calar: por que sua marca existe mesmo?

UMA IDEIA NA MENTE E NO CORAÇÃO

Posicionamento refere-se a um conjunto de conceitos que contribuem para a definição da forma como a empresa será vista no mercado e como se expressará por meio de seus diversos pontos de contato. O posicionamento deve ser tanto racional quanto emocional. Um trabalho de *branding* tem como principais finalidades criar a posição e desenvolver a percepção que as pessoas têm a respeito da marca, sendo um *link* entre o que é oferecido e o desejo do público.

Tomemos uma marca nascente como exemplo. Ninguém a conhece, não há referências ou lembranças, não há histórias ou experiências relacionadas. Ela não tem passado, e não há nenhuma indicação a partir da qual se possa formar uma opinião a respeito. A marca é um quadro em branco (ou melhor, um quebra-cabeça em branco). Ela se encontra no estágio de desconhecimento, e temos que nos fazer percebidos. Para que isso aconteça, temos que nos posicionar.

Posicionar-se é abrir mão. Abrir mão de um universo extenso de possibilidades e cunhar um lugar próprio na percepção do público. Como ser percebido ou vir a ser uma opção? Se você quiser ser tudo, correrá o risco de não ser nada. Assim, abrir mão é fundamental. Por outro lado, quanto mais focado você estiver, mais você poderá construir, mais poderá oferecer em um determinado posto.

Falando em risco, o próximo passo é exatamente este: assumir o risco de rejeição. Isso não necessariamente é negativo. Haverá quem gostará da marca e quem não se sentirá atraído por ela. Haverá quem se identificará com ela, assim como quem repelirá sua proposta de valor. Posicionar-se também é assumir esse risco. O definitivo aqui é identificar quem se identifica com o que você tem a dizer e manter o foco e a consistência nas ações.

O que você tem é uma mensagem; qualquer outra coisa que você possa oferecer está no guarda-chuva dessa mensagem. Basicamente, *branding* é a criação de seu próprio mundo. Ressalto: esse mundo tem que ser verdadeiro para você, tem que fazer sentido, tem que ter ligação com suas ideias.

Lembre-se sempre de sua promessa e, por favor, entregue-a! Sempre! Fazendo isso, à medida que suas peças forem sendo distribuídas, seu público terá mais familiaridade com o que você tem a dizer.

O estágio da preferência é aonde as marcas querem chegar. Destacar-se dos concorrentes e ser a opção desejada é a luta diária de todas as empresas. A diferenciação pode vir por fatores como preço, nicho, atributos e identificação. Vamos lembrar, ainda, que marcas fortes também emprestam a seu público características comportamentais. Indo além das funções racionais que levam à preferência de uma marca em detrimento de outra, quando atingem este nível, algumas marcas passam a fazer parte de um estilo de vida, inclusive.

A idealização extrapola o racional. Aqui moram as *lovemarks*. Seu espaço está não apenas na mente, mas também no coração de quem as consome. Você não compra um sapato da TOMS, você se engaja na causa *One for One*. Você não sonha ter um carro qualquer, você quer uma Ferrari. Você pode até amar Chicago, mas é um *I Love NY* que transfere uma série de referências do local para sua personalidade ao utilizar uma camiseta com esse símbolo.

É óbvio que falo resumidamente sobre esses exemplos, mas é importante ter claro que, em cada uma das etapas (Figura 2.3), há trabalhos específicos a serem realizados. Uma marca específica pode se enquadrar em todas as etapas, independentemente de seu tamanho ou do setor em que atua, assim como uma pessoa pode estar em cada uma dessas etapas para públicos distintos. Saber qual é seu público e como você estará coerentemente posicionado para cada etapa é um dos grandes segredos de uma bem-sucedida estratégia de gerenciar marcas.

1. IDEALIZAÇÃO

2. PREFERÊNCIA

3. FAMILIARIDADE

4. REJEIÇÃO

5. DESCONHECIMENTO

Figura 2.3 – Etapas da construção de marca.
Fonte: Adaptado de Reiman (2013).

OS 10 MANDAMENTOS

Identificada a essência e esclarecido o código genético, a etapa posterior para uma boa gestão da marca é entender como ela se comporta. Que ocasiões e que relações ela tem com todos os *stakeholders*? Como ela procede e se comunica? O que ela faz para que tenhamos razões para acreditar na promessa feita? Como ela faz pulsarem os valores e a cultura de sua organização? Lembre-se: é preciso partir da razão de sua existência para as ações táticas, e não o inverso. Trabalhar sua estratégia de comportamento antes de projetar mais uma ação lhe proporcionará coerência, e essa é a peça-chave.

Neste capítulo, espero ter contribuído com uma visão despretensiosa de como entendo o poder das marcas. De brinde, listo 10 conselhos básicos que poderão ajudá-lo a extrair o melhor de cada capítulo que virá a seguir.

SAIBA COMO E POR QUE SUA MARCA REAGE A DETERMINADAS SITUAÇÕES. Entenda como ela é e, por mais absurdo que isso possa parecer, a veja como um ser vivo, que pulsa, que sente, que fica com raiva e que sente atração por algo. Atribua a ela sentimentos, racionalidade, desejos, entenda quem são seus amigos e inimigos, crie cenários em que ela gostaria de estar e lugares aos quais ela não iria de forma alguma. Saiba como este personagem que é sua marca se movimenta, se comunica, se conecta. Entenda quais são seus valores e por que alguém no mundo acreditaria neles, que bandeiras ela carrega e quais são os benefícios que os outros ganhariam por se relacionar com este ser. Compreenda, principalmente, que atitudes ela (esta *persona*) tem para que isso seja percebido pelos demais. Tente, ao fazer isso, sair de seu gosto pessoal e entrar num universo particular. Isso poderá ajudá-lo muito nas relações de venda, na definição de negócios, novos produtos e cenários, nas campanhas e no engajamento.

ENTENDA COMO SUA MARCA SE COMUNICA, QUAL É SEU TOM DE VOZ, QUAIS SÃO SUAS FERRAMENTAS PARA DIVULGAR SUAS IDEIAS. Sua marca fala muito? É segura? Tem algum tipo de dificuldade que precise vencer? Que tipo de frase esta *persona* costuma dizer e que palavras estão fortemente em seu vocabulário? Crie um universo verbal, um dicionário, uma história e relações com o mundo. Isso poderá ser útil para a geração de conteúdos, discursos e apresentações, para a assessoria de imprensa, etc.

DESENVOLVA UM UNIVERSO SENSORIAL PARA SUA MARCA. Tente imaginar um cheiro característico, um perfume, odores que envolvam o ambiente onde ela está. Crie um acorde ou uma *playlist* inteira, sinta o som que ela gosta. O paladar desta marca é mais direcionado ao doce, ao salgado? Que tipo de gastronomia ela aprecia? Como ela se veste, que cores e formas fazem parte deste universo? Isso poderá ajudá-lo no que diz respeito à estética dos materiais, à usabilidade, às ferramentas de venda, à própria marca gráfica, aos fragmentos da marca, à ambientação, aos materiais, aos pontos de contato virtuais, às interações diversas, à criação de ações específicas.

SEJA VERDADEIRO. Lembre-se da diferença entre parecer e ser. Mais do que parecer legal, descolada, séria, próxima, sua marca tem que SER isso. Mais do que fazer diferente, sua marca pode fazer a diferença. Isso, meu amigo, só se consegue com autenticidade.

PROCURE UM ESPECIALISTA. Seu amigo que tem um computador e trabalha com *software* de imagem pode ser um ótimo profissional, mas é preciso muito conhecimento para trabalhar com gestão de marcas. No fim de tudo, há muita coisa em jogo para que o objetivo seja simplesmente estético, inclusive o resultado financeiro de seu negócio. Pense em *branding* como a ferramenta de negócios que ele é, e não como a parte estética de seu produto.

COMECE O *BRANDING* O QUANTO ANTES. Comece ontem!

SIM, SUA EMPRESA PODE USAR O *BRANDING*. Aliás, ela deve! Se você tem uma ideia, independentemente de ela ser *business to business* (B2B) ou *business to commerce* (B2C), grande ou pequena, e espera que ela seja desejada, acredito sinceramente que você tenha o dever de familiarizar-se com ferramentas de gestão de marca. Atualmente, não é o tamanho de sua empresa, o setor em que ela atua ou o recurso disponível que fará você se destacar e ser consumido, mas a relevância do que você tem a dizer para o mundo, a forma como sua marca será reconhecida e lembrada, sua visão de responsabilidade social, sua atitude em relação ao meio ambiente, ao território que você ocupa, ao que acontece a sua volta.

LEMBRE-SE DE QUE O *BRANDING* NÃO TERMINA NUNCA. *Branding* é um verbo. É um processo que fará sua equipe tomar as rédeas da marca nas mãos e cuidar dela com atenção. Não é algo pontual, mas um trabalho contínuo de construir significado para sua comunicação, para sua marca, para seu negócio.

ATENTE ÀS COMUNIDADES QUE PODEM SE INTERESSAR POR SUA MARCA. Uma marca forte precisa de embaixadores e pessoas que se relacionem pelo fato de se sentirem positivamente atraídos. Pense nos ganhos que sua marca pode promover para esses grupos e em como eles podem ter acesso a esses ganhos. Se você for bem-sucedido, talvez ganhe gestores de sua marca gratuitamente. Crie, gerencie, facilite e empodere comunidades que se interessem pelo que sua marca tem a dizer.

LEMBRE-SE DO PODER DO NÃO. Dizer não é fundamental. Não caia na tentação de agradar todo mundo. Saiba como e quando se posicionar. É válido lembrar que a coerência é o remédio para a esquizofrenia.

Sua tarefa pode ser vender um produto, mas seu propósito precisa ser a criação de um ecossistema que impacte positivamente seu entorno. Focar exclusivamente a tarefa fará de você uma *commodity* muito rapidamente. Priorizar o propósito autêntico dará longevidade e poderá ampliar seu negócio.

Marcas se relacionam com pessoas e, nesse aspecto, o *branding* entra também como a mistura do emocional com o racional. Eles não estão separados. É sentir e fazer sentido. É a estratégia da emoção. É a ligação da experiência com o financeiro. *Branding* não é a estética, não é a forma, não é o meio; é a essência que vive no processo de fazer sentido para todos.

Um trabalho bem executado de gestão de marca pode deixar clara a resposta quando você se perguntar o que seria do mundo se seu projeto, sua marca, sua ideia, seu negócio deixasse de existir amanhã. Se essa resposta não tiver clareza absoluta, você acredita mesmo que ainda terá muito tempo pela frente para descobrir? Se parece que meu discurso é muito mais emocional do que racional, procure agora mesmo quais são as 10 empresas mais valiosas do mundo e perceba qual é seu bem mais precioso.

Nessa ambiguidade, você tem dois caminhos, e eles iniciam pelo meu primeiro conselho: ou pelo amor ou pela dor. A escolha é sua.

Um brinde ao *branding*!

REFERÊNCIAS

MICHAELIS: moderno dicionário da Língua Portuguesa. São Paulo: Melhoramentos, 1998.

REIMAN, J. *Propósito*: por que ele engaja colaboradores, constrói marcas fortes e empresas poderosas. [S. l.]: HSM, 2013.

SINEK, S. *How great leaders inspire action*. [S. l.]: TED, 2009. Disponível em: <https://www.ted.com/talks/simon_sinek_how_great_leaders_inspire_action/transcript?language=en>. Acesso em: 21 nov. 2015.

CAPÍTULO 03
UX E
O *DESIGN*

JÚLIA GHISI
PRISCILLA ALBUQUERQUE
CATARINAS DESIGN

O QUE É UX?

UX é a sigla para *user experience* (experiência do usuário, em português). Esse é um conceito que fala da percepção (positiva ou não) das pessoas ao interagirem com determinada marca ou produto. Uma boa experiência do usuário reflete não apenas uma necessidade sendo totalmente resolvida mas também uma sensação de extrema satisfação ao utilizar determinada solução. Na prática, UX se refere a produtos úteis e extremamente fáceis de entender e utilizar que, além disso, geram prazer de uso nos clientes.

O desenvolvimento das boas práticas para produtos teve início na Primeira Guerra Mundial, com a valorização dos meios de transporte. Com esse movimento, surgiu uma nova ciência: *human factors* (fatores humanos, em português). A ciência baseava-se em metodologias da ergonomia e da psicologia, que eram utilizadas para entender como as pessoas se comportavam enquanto empregavam ferramentas complexas em diferentes ambientes e contextos. Foi nesse cenário que surgiu o termo *user experience* (UX), popularizado por Donald Norman em meados da década de 1990, quando ele trabalhava na Apple.

O conceito de UX envolve os vários aspectos da relação entre empresa/produto e cliente/usuário, levando em consideração os diversos pontos de contato pelos quais o cliente combina informações vindas de diferentes canais e momentos ao longo de sua interação. Mediante esses pontos de contato, o cliente forma uma percepção global sobre sua experiência com a empresa, e isso é o que concretiza a experiência do usuário. "UX abrange todos os aspectos da interação do usuário final com a empresa, seus serviços e seus produtos" (NIELSEN NORMAN GROUP, 2015).

O conceito é abrangente e, talvez por isso, causa certa confusão e um uso generalizado do termo. O termo UX só faz sentido quando se refere a vários aspectos e disciplinas, como *design* visual, arquitetura de informação, usabilidade, *design* de interação, pesquisa com usuários e estratégia de conteúdo (Figura 3.1).

Os itens a seguir, sozinhos, **não** constituem UX *design*:

***DESIGN* VISUAL (DESENHAR TELAS BONITAS):** o fato de uma tela estar visualmente bem resolvida não significa que o projeto esteja focado nas boas experiências, e sim que está sendo feito um bom *design* de interface, um bom *design* gráfico.

USABILIDADE (FAZER ALGO MUITO SIMPLES E FÁCIL E ACHAR QUE ISSO É TUDO): a usabilidade é essencial, mas se o produto tiver funcionalidades que não sejam úteis ou simplesmente não interessem os usuários, não fará diferença o quanto isso será fácil de usar.

PROPOSTA DE VALOR INVENTADA (AQUELA IDEIA MÁGICA QUE SÓ VOCÊ TEVE): é aquele produto que leva anos para ser criado e para ficar "perfeito", mas que teve contato **zero** com as dores dos usuários e foi criado pelas pessoas envolvidas no projeto.

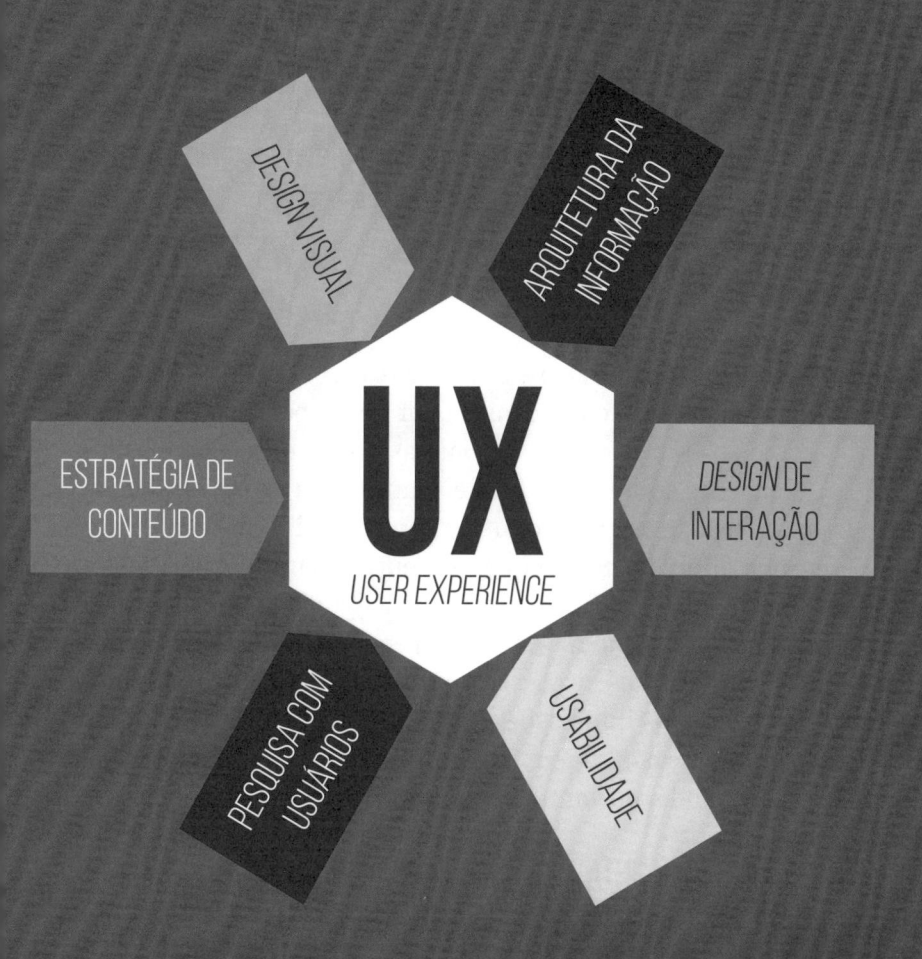

Figura 3.1 – As disciplinas da UX no meio digital.
Fonte: Adaptado de Albuquerque (2015).

QUAIS SÃO OS PONTOS DE CONTATO EM QUE UX MAIS FAZ DIFERENÇA EM UMA *STARTUP*?

A jornada do usuário de uma *startup* tem início no momento em que o cliente ouve falar da proposta de valor. Em seguida, esse cliente potencial passa pela busca de mais informações sobre o produto e avança para sua primeira experiência de uso do produto. **É primordial** que a interface esteja alinhada com o que faz sentido para o usuário para não frustrá-lo, pois esta seria uma significativa barreira de acesso em um momento de convencimento, no qual não há espaço para tais riscos. Propiciando uma boa experiência nas primeiras impressões, a chance de fidelizar o usuário e levá-lo a tornar-se um cliente recorrente no sistema é bastante grande, portanto, não a desperdice.

1º PONTO DE CONTATO: A PROPOSTA DE VALOR (OBJETIVO: GERAR IDENTIFICAÇÃO E INTERESSE)

Encontrar na internet algum material de divulgação ou ouvir alguém falar sobre o produto costuma ser o primeiro contato do negócio com o futuro cliente/usuário. É o momento em que a **proposta de valor** deve estar alinhada com o que o público-alvo deseja para ganhar a atenção. Neste ponto de contato inicial, é preciso fazer o usuário se **identificar** com a **dor** e se **interessar** pela **solução** que está sendo oferecida. É preciso acertar a dor do usuário usando as palavras-chave certas, deixando claro que seu produto é tudo de que ele precisa! Seja um *must-have* (Figura 3.2).

2º PONTO DE CONTATO: A *LANDING PAGE* OU O *HOTSITE* DO PRODUTO (OBJETIVO: CONVERTER)

Mesmo a ideia sendo incrível, um erro comum é não conseguir comunicar ou apresentar isso da melhor forma para os usuários. Não basta ser excelente se as pessoas não conseguem perceber seus atributos; é preciso **vender** a **ideia** e **consolidar** a **proposta de valor** de forma fácil e clara pelos canais de comunicação.

Imagine que o potencial futuro cliente tenha ouvido falar e tenha gostado muito da ideia, porque era algo de que ele realmente precisava. O próximo passo provavelmente será buscar mais informações sobre o negócio. A *landing page* ou o *hotsite* geralmente será um dos canais responsáveis por este "segundo ponto de contato" da jornada de seu usuário, e este ponto é crucial. São poucos segundos para **convencer** o usuário a **continuar explorando a página** e **criar um gatilho** para que ele queira **conhecer o produto**.

Vale lembrar a regra de criar identificação, conectando as expectativas (cliente) com as promessas de entrega (produto).

Figura 3.2 – Níveis de dor do usuário.
Fonte: Adaptado de Cooper, Reimann e Cronnin (2007).

3º PONTO DE CONTATO: USO DO PRODUTO/ PRIMEIRO ACESSO (OBJETIVO: DAR AS BOAS-VINDAS E CONDUZIR)

Depois de todo o esforço de *marketing*, finalmente o *lead* é **convertido** em um **usuário** do sistema! as barreiras de engajamento e convencimento inicial foram superadas.

É apenas nesta etapa que o usuário finalmente tem o **primeiro contato direto** com a interface do produto. Tenha em mente que todos os usuários são iniciantes neste estágio. Leve sempre em consideração que eles, muitas vezes, estão com pouco tempo ou paciência para descobrir como as coisas funcionam; a resistência natural a coisas desconhecidas é um fato esperado, e é necessário lidar com isso.

O conceito do *onboarding* está sendo amplamente divulgado em termos de UX. *Onboarding* consiste em fazer uma espécie de tour com dicas e demonstrações que levem o usuário a entender o que ele pode ou deve fazer, sem que ele tenha que ler um manual ou passar por um treinamento.

Um contato inicial **simples** e **amigável** pode ser o diferencial para o sujeito virar seu **fã leal** em vez de desistir e ir embora.

4º PONTO DE CONTATO: USO DO PRODUTO/ DIA A DIA (OBJETIVO: PROPORCIONAR EFICIÊNCIA, EFICÁCIA E SATISFAÇÃO)

Após vencer a barreira inicial, a intenção é que o usuário passe a **utilizar o produto no dia a dia**, continuamente, sem dificuldade e sem que nada o atrapalhe. A ideia é que todo usuário **iniciante** se torne **intermediário** e que,

INICIANTES

O QUE O PROGRAMA FAZ?
COMO EU IMPRIMO?
QUAL É O ESCOPO DO PROGRAMA?
POR ONDE EU COMEÇO?

INTERMEDIÁRIOS

ESQUECI COMO IMPORTAR ARQUIVOS
COMO EU ENCONTRO A FUNÇÃO X?
LEMBRE-ME DO QUE ISSO FAZ
OPS! POSSO DESFAZER ISSO?
PARA QUE SERVE ESTE CONTROLE?
QUAIS SÃO AS NOVAS *FEATURES* DO *UPGRADE*?

EXPERTS

COMO EU AUTOMATIZO ISSO?
QUAIS SÃO OS ATALHOS PARA ESTE COMANDO?
ISTO PODE SER ALTERADO?
COMO EU PERSONALIZO ISTO?
ISTO É PERIGOSO?
EXISTE UM EQUIVALENTE NO TECLADO?

Figura 3.3 – Evolução dos usuários no sistema.
Fonte: Adaptado de About Face 3 - Alan Cooper.

possivelmente, se mantenha eternamente dessa forma, já que a quantidade de usuários **avançados** em um sistema acaba sendo uma minoria (Figura 3.3).

QUAIS SÃO OS PRINCIPAIS PONTOS DE UMA BOA EXPERIÊNCIA?

De forma bastante objetiva, podemos resumir o que qualifica uma experiência do usuário completa a partir da pirâmide da boa experiência (Figura 3.4).

BASE DA PIRÂMIDE: UTILIDADE (PRECISO DISSO?)

O ponto de partida de qualquer produto em uma experiência significante para um usuário é que esse produto **precisa ser útil**. Esta é a base da pirâmide: começar com um propósito de solução claro para o problema que o usuário possui. O usuário realmente **precisa** do produto que é oferecido?

Este ponto está relacionado com: modelo de negócio, proposta de valor, funcionalidades, etc.

Figura 3.4 – Pirâmide da boa experiência.
Fonte: Adaptado de Albuquerque (2015).

MEIO DA PIRÂMIDE: USABILIDADE (CONSIGO USAR?)

O segundo ponto é que não adianta nada ter funcionalidades incríveis se o usuário não conseguir usufruir delas. Nesse ponto, entra a **usabilidade** ou **facilidade de uso**. o usuário **consegue** usar o produto **facilmente**?

Este ponto está relacionado com: arquitetura da informação, adequação da linguagem (*labels*) com o público, modelos mentais, etc.

TOPO DA PIRÂMIDE: DESEJABILIDADE (QUERO USAR?)

Por fim, a "cereja do bolo" das boas experiências é o **poder de atração** das soluções incríveis, o efeito que gera satisfação, surpresa e encantamento nas pessoas quando elas utilizam um produto realmente excelente. Esse efeito "uau" concretiza-se de várias formas, passando por todas as faixas da pirâmide. A assertividade da solução, a facilidade de uso, a comunicação, as respostas e a "humanidade" do tratamento do sistema, o leiaute agradável, todos esses fatores serão responsáveis por gerar uma totalidade de percepções que irão tocar o coração do usuário. O produto desperta o efeito "**quero utilizar**" nos potenciais e atuais clientes?

QUEM DEVE USAR UX?

Qualquer tipo de empresa poderia e deveria se apropriar do conceito e dos benefícios de trabalhar com UX em seu negócio. Sejam empresas de serviços, indústrias ou qualquer outro tipo de negócio, quase sempre se passará por uma interação com seres humanos em algum ou em vários pontos de seus processos. Sendo assim, sempre existirá do outro lado um cliente com expectativas, desejos, necessidades e limitações, que são inerentes aos seres humanos. Para o sucesso e o melhor desempenho de qualquer que seja o tipo de negócio, em qualquer que seja o ramo de atuação, entender e colocar o cliente no centro das atenções para, assim, viabilizar boas experiências passa a ser algo fundamental.

Devido à alta concorrência e à grande quantidade de alternativas disponíveis, as pessoas, hoje, não procuram apenas uma simples solução para seus problemas. Sempre que possível, elas buscam opções que proponham uma satisfação mais ampla de suas necessidades. Elas buscam diferenciais competitivos, que agreguem valor e que justifiquem suas escolhas e seus investimentos.

EMPRESAS DE TECNOLOGIA E *STARTUPS*

Empresas de tecnologia que geram produtos digitais interativos têm muito com o que se preocupar no que diz respeito a UX de suas soluções. Para uma comunicação apropriada com o cliente, é indispensável entender o contexto de uso e as características desse usuário, sob risco de não ter sua proposta de valor absorvida ou entendida caso essas informações sejam ignoradas.

No caso de *startups*, a relevância de UX fica ainda mais destacada. Tendo em vista esse tipo de modelo de negócio, cuja definição relaciona-se com condições de extrema incerteza e necessidade de rápida escala, a diferença que o entendimento das necessidades do cliente e o consequente aumento da qualidade da experiência pode fazer é extremamente significativa. Quando uma *startup* propicia uma boa experiência na interação entre usuário e produto, obtêm-se resultados e reflexos diretos nas questões relacionadas à superação de barreiras iniciais de entrada em novos produtos, ao posterior engajamento e à manutenção dos clientes conquistados.

POR QUE USAR UX?

Em um mercado com tantas soluções similares e com clientes cada vez mais exigentes, tornou-se obrigatória a busca por alternativas que garantam o sucesso e a competitividade de um produto. Um ponto importante que pode diferenciá-lo é o foco na satisfação e na boa experiência de quem irá utilizá-lo.

Os benefícios de investir em UX variam de acordo com o negócio. Por exemplo, se a empresa tem um *site* de *e-commerce*, as melhorias de UX podem acarretar aumentos nas vendas. Estatísticas do Nielsen Norman Group mostram que o aumento na taxa de conversão para uma interface bem projetada em um negócio *on-line* é, em média, de 83% (NIELSEN, 2008). Com relação a empresas desenvolvedoras de *software*, a Associação de Profissionais de Usabilidade indica que 63% dos projetos de *software* desenvolvidos ultrapassam o orçamento, sendo que as quatro principais causas estão relacionadas com a usabilidade (NIELSEN, 2008). Isso possivelmente seria evitado se, nos escopos dos projetos, fossem previstos uma boa arquitetura de informação, usabilidade e estudos em UX.

Alinhando a solução com os desejos e as necessidades do usuário, é possível obter resultados muito mais assertivos, o que aumenta significativamente as chances de sucesso e lucratividade da empresa. Existem três pontos particularmente importantes, sob a ótica de UX, para o sucesso de uma empresa: aumentar a vantagem competitiva, conquistar a fidelidade dos usuários e reduzir custos. Esses e outros pontos relevantes serão abordados a seguir.

AUMENTAR A VANTAGEM COMPETITIVA

Não basta ser diferente ou único, essa diferença ou unicidade precisa ser desejada pelos clientes. Uma vantagem competitiva que não agrega valor para os clientes ou em que eles não tenham interesse não é vantagem competitiva, é desperdício. Portanto, conquistando mais clientes, você terá mais lucro.

OFERECER ALGO REALMENTE ÚTIL

Um produto deve ser baseado em algo que as pessoas realmente precisem ou desejem. Se os concorrentes já estão resolvendo a maioria dos problemas do mercado, é possível descobrir outras dores de que, às vezes, nem mesmo os clientes se deram conta. Quanto mais se observar os problemas dos usuários, maiores serão as chances de encontrar novas soluções.

SABER AGREGAR VALOR

Não adianta ter um produto incrível caso não se consiga vendê-lo. É preciso ter em mente seus benefícios, além de alinhar os canais de venda e treinar a equipe com o discurso correto. Muitos produtos deixam de dar certo não por culpa da ideia, da usabilidade, da interface ou do desenvolvimento, mas por falta de estratégia de venda e de alinhamento da equipe.

AUMENTAR AS POSSIBILIDADES DE INOVAÇÃO

Ter um canal aberto de comunicação com o usuário é muito importante. Dessa forma, é possível coletar *feedbacks*, saber do que eles gostam e não gostam. Isso também serve como insumo para criar funcionalidades inovadoras baseadas nos desejos dos usuários.

CONQUISTAR A FIDELIDADE DOS USUÁRIOS

Fidelizar os usuários, deixando-os satisfeitos, também é muito importante para evitar o *churn*, isto é, o cancelamento do produto pelo cliente. Geralmente, atrair novos clientes é mais caro do que encantar os que já estão na base. Pesquisas indicam que é cinco vezes mais custoso atrair um novo cliente do que manter um antigo. Assim, manter clientes significa ter menos desperdício.

DEIXAR O USUÁRIO SATISFEITO

Utilizar o produto deve ser uma experiência agradável e memorável. Uma usabilidade ruim exige muito mais esforço para que o cliente "se apaixone". Facilitar a interface e rever a usabilidade aumentam as chances de deixar o usuário satisfeito.

PROPORCIONAR BOAS EXPERIÊNCIAS

Quando o usuário tem boas experiências utilizando o produto, elas são repetidas e recomendadas. O usuário vira um fã do produto, e, com isso, ocorre a divulgação espontânea, o famoso boca a boca.

USAR RECURSOS PARA GANHAR A CONFIANÇA DO CLIENTE

É importante trabalhar para conquistar a confiança dos clientes potenciais, utilizando elementos como informações da empresa, notícias, depoimentos de clientes e parceiros, detalhes do produto, números expressivos, entre outros. Validação social pode aumentar a credibilidade da empresa.

DIMINUIR AS CHANCES DE REJEIÇÃO DO PRODUTO

Se o produto "falar a linguagem do usuário", terá bem mais chances de superar a resistência inicial do cliente, que acabará virando um usuário fiel do produto.

SURPREENDER OS USUÁRIOS PARA MANTÊ-LOS MAIS FELIZES

É necessário surpreender os usuários, seja com uma interface bem projetada, com uma nova funcionalidade ou com um leiaute bonito. O importante é sempre surpreendê-los positivamente. Dessa forma, eles ficarão felizes em pagar por seu produto.

REDUZIR CUSTOS

Quando se fala de *startups* e ambientes ágeis, é compreensível a dificuldade em encaixar no *sprint* a validação das ideias com usuários, mas isso é de suma importância quando se tem como objetivo reduzir os custos, evitar retrabalhos e reduzir as chances de investir em um produto inadequado. Redução de custos significa mais lucro.

DIMINUIR AS LIGAÇÕES DE SUPORTE E RECLAMAÇÕES

Com uma boa usabilidade, o usuário encontrará sozinho o que precisa e terá menos motivos para reclamar, bem como menos dúvidas para tirar com o suporte.

REDUZIR A NECESSIDADE DE TREINAMENTO

Com uma interface fácil de utilizar, diminuem o tempo e o dinheiro gastos com treinamentos. Dessa forma, não é necessário contratar um consultor para ensinar a usar o produto, tampouco investir tempo elaborando manuais de utilização.

EVITAR RETRABALHO

Quanto antes forem ajustados os problemas de usabilidade do produto da empresa, menos tempo da equipe de desenvolvimento será gasto para fazer uma *feature* que possa ser modificada depois (é importante validar com usuários antes de sair codificando).

DIMINUIR A QUANTIDADE DE "TIROS ERRADOS"

Deve-se evitar trabalhar com tentativa e erro. Segundo Robert N. Charette (2005), estima-se que 50% da quantidade total de tempo que os programadores gastam em retrabalhos seja usada em retrabalhos que poderiam ser evitados. O custo para corrigir um erro após o desenvolvimento é cem vezes maior do que para corrigir o mesmo erro antes que o projeto esteja concluído.

QUAIS SÃO OS PRINCIPAIS ERROS EM UX QUE AS EMPRESAS COMETEM?

NÃO PENSAR EM UX DESDE O COMEÇO DO PROJETO

Um dos primeiros erros das empresas em relação a UX é justamente o fato de elas não darem a devida ênfase ou o devido valor a esse conceito desde o início, ignorando diretrizes importantes na construção de um produto de sucesso. Quando não se tem a preocupação com a satisfação e a experiência desejadas para os clientes desde o início do projeto, perdem-se oportunidades de potencializar a eficiência da conquista, do engajamento e da aderência dessas pessoas ao negócio. Isso, na prática, resulta em retrabalho para as equipes de *design* e desenvolvimento (ou de outras áreas responsáveis pela construção da solução), que acabam precisando ajustar muitos aspectos do produto para adequá-lo e torná-lo mais competitivo.

DIRECIONAR O PRODUTO PARA UM PÚBLICO-ALVO ERRADO

Outro erro comum é partir de hipóteses equivocadas ou validadas de forma incorreta sobre o perfil e as necessidades do público-alvo, construindo, assim, produtos que não são compatíveis com as reais dores e expectativas do cliente. Imagine construir um produto pensando em um público de jovens universitários, com uma linguagem informal e recursos avançados, com certo grau de complexidade, e, ao lançar o produto no mercado, descobrir que seus principais usuários são pessoas de mais idade, com poucos conhecimentos em tecnologia. Equívocos como esse comprometem drasticamente a experiência de uso por não levarem em consideração as limitações e o modelo mental adequado.

Outro reflexo de um recorte equivocado do público-alvo envolve as incompatibilidades em termos de leiaute e arquitetura de informação que isso pode acarretar.

DESCONHECER AS NECESSIDADES DO USUÁRIO

A escolha de funcionalidades e recursos de um produto deve ser baseada sempre em necessidades devidamente validadas e comprovadas. Sobrecarregar as pessoas com recursos sem utilidade e/ou deixar de contemplar aspectos importantes para atingir os problemas são graves erros. É obrigação da empresa conhecer a fundo e hierarquizar as dores de seu cliente para, dessa forma, satisfazê-lo de maneira coerente com as expectativas desse mercado consumidor.

COMO UTILIZAR UX EM MINHA EMPRESA (PASSO A PASSO)

DEFINIR SUAS HIPÓTESES INICIAIS

Quando você estiver iniciando as especulações sobre o modelo de negócio, trabalhando em cima do canvas, as hipóteses iniciais já deverão estar sendo levantadas. Todo projeto de experiência do usuário começa com algumas direções básicas por parte dos envolvidos nessa estruturação do negócio. Esse será o norte, que será atualizado à medida que novas informações forem sendo levantadas e absorvidas.

IDENTIFICAR QUEM É SEU PÚBLICO-ALVO E QUAIS SÃO SUAS CARACTERÍSTICAS E LIMITAÇÕES

Uma das principais hipóteses é o recorte do público-alvo. A partir dessa delimitação, você deverá fazer uma imersão no universo do potencial cliente e conhecer tudo o que for possível sobre suas características, suas limitações, seus desejos, etc. Levantar informações sobre quem é o cliente é muito importante para que você possa se comunicar com ele de forma eficiente.

ENTENDER A FUNDO A DOR E AS NECESSIDADES DE SEU USUÁRIO

O conceito do *get out of the building* – que, na prática, significa sair do escritório e validar ideias com clientes reais – se encaixa muito bem na investigação tanto do perfil quanto dos problemas do cliente. Para trabalhar com um bom resultado no que diz respeito a UX, é preciso realmente conhecer a dor/o problema que as pessoas possuem. A partir disso, é possível atuar em cada um dos pontos de contato do cliente com a empresa ao longo de sua jornada de compra e interação com a marca.

COMPILAR OS DADOS DE CAMPO, ENCONTRAR OS PADRÕES

Nas investigações e pesquisas com usuários, as informações podem parecer desconexas. É necessário procurar padrões e aspectos dessas informações que se repitam.

FAZER *BRAINSTORMS*, GERAR *INSIGHTS* E CONSTRUIR UM PROTÓTIPO

A partir dos padrões, é necessário identificar os comportamentos e os porquês por trás disso. Com base nessas repetições, que possivelmente estarão alinhadas a algum problema ou necessidade, você deverá fazer um *brainstorm* com o time e levantar *insights*. A partir dos *insights*, vocês deverão gerar alternativas de solução e montar um protótipo simples. O protótipo poderá ser feito com um esboço em papel, rabiscos ou qualquer outra ferramenta de prototipação rápida que consiga concretizar e apresentar ideias para outras pessoas darem *feedbacks*.

TESTAR E VALIDAR SE VOCÊ ESTÁ NO CAMINHO CERTO

Um dos princípios do *lean* é construir rápido e sair testando para validar antes de avançar muito no projeto. Você deve utilizar protótipos para fazer o máximo possível de validações internas e externas e verificar se aquilo faz sentido para as pessoas, se elas conseguem entender e utilizar o produto em construção.

Durante esse processo, fazer correções e testar novamente é de extrema importância, considerando que ajustes em etapas avançadas do projeto sempre demandarão muito mais tempo e recursos. Neste ponto, a aplicação de testes de usabilidade com usuários reais refina a interação do produto, deixando-o o mais simples e intuitivo possível.

CONSTRUIR E ACOMPANHAR O DESEMPENHO PARA MELHORIAS CONTÍNUAS NO PRODUTO

O ideal é que somente após essas importantes etapas de pesquisa e validações em cima da solução prototipada você inicie a construção do produto de fato, pois, assim, você terá mais chances de estar no caminho certo. Nesta fase, é necessário prezar as questões relacionadas à estética e à comunicação textual da interface, apostando até em um bom *onboarding* para guiar os usuários de primeiro acesso.

Mesmo depois do lançamento do produto, para tirar o máximo de uma boa UX, é importante que você mantenha um canal de comunicação e *feedback* dos usuários ativos no produto. Além disso, utilizar ferramentas de *tracker* para acompanhar possíveis ruídos e trabalhar na melhoria e na evolução contínua é uma forma de buscar uma experiência cada vez melhor e mais satisfatória, a fim de manter o cliente feliz e engajado.

CASE 1
INTERFACE DE
SOFTWARE
(METTZER)

Mettzer é uma *startup* de Santa Catarina que, por meio de um editor de texto, formata automaticamente trabalhos de acordo com as normas da Associação Brasileira de Normas Técnicas (ABNT). A *startup* visa prover agilidade ao usuário, para que este possa dedicar-se completamente ao conteúdo de seu trabalho e gastar menos tempo tendo que aprender e aplicar detalhadamente as regras e os especificadores da ABNT.

O trabalho da Catarinas Design, neste caso, foi refazer a plataforma da Mettzer, realizando pesquisa com usuários, *wireframes* e prototipação, validação com testes de usabilidade, criação de conceito gráfico, elaboração de um *styleguide* e codificação *front-end*.

PASSO 1: CONVERSA COM O CLIENTE

A partir de uma reunião de *kick-off* com a equipe da Mettzer, foram mapeadas as dores, as expectativas, as informações e os conhecimentos vindos da visão do cliente sobre seu contexto. Este momento de "imersão" é muito importante, pois é possível entender o projeto a partir da visão do cliente e dos *feedbacks* que ele já recebeu na fase de validação. Aproveitar o *know-how* do cliente é de suma importância para conhecer as motivações e os objetivos dele e, assim, elaborar as questões e as hipóteses para as pesquisas.

Vale lembrar que esta conversa com os *stakeholders* do projeto gera ideias e suposições, mas não serve como validação. Mesmo após esta conversa, fazer uma validação com os usuários é fundamental.

A premissa do projeto era facilitar a vida dos universitários no que se refere à elaboração de trabalhos nas normas da ABNT. O cliente já havia feito uma pesquisa para validar a ideia que trouxe o seguinte resultado: a maioria dos estudantes não conhece as regras da ABNT e acha a formatação trabalhosa e difícil. Então, segundo o cliente, tínhamos como proposição transformar algo chato e complexo em algo simples e prático.

A definição do foco do produto mínimo viável (MVP) neste primeiro momento incluiu especificamente estudantes universitários que estivessem fazendo o trabalho de conclusão de curso (TCC) e os professores orientadores. Com esse direcionamento em mãos, foram iniciadas as etapas de investigação e pesquisas.

PASSO 2: ENTREVISTAS COM USUÁRIOS

Após o levantamento inicial de informações, foi elaborado o plano de pesquisa, no qual foram definidos os objetivos a serem validados nas entrevistas com dois perfis de usuário: aluno e professor.

PASSO 3: COMPILAÇÃO DAS ENTREVISTAS

Após as entrevistas com alunos e professores, foram feitas as compilações, a partir das quais foi possível compreender os diferentes fluxos envolvidos na elaboração de um TCC, as principais dificuldades e os pontos da jornada do usuário em que a plataforma poderia auxiliar. Também foi possível validar algumas funcionalidades vigentes e *insights* para novas funcionalidades.

Feitas as compilações, foi realizada uma nova reunião com a equipe da Mettzer, com os objetivos de apresentar as informações coletadas em campo e verificar funcionalidades levantadas na pesquisa para escolher, com o cliente, quais iriam para a plataforma na primeira versão. Com a equipe da Catarinas Design e o cliente trabalhando em conjunto, o processo ficou muito mais ágil.

PASSO 4: ARQUITETURA DE INFORMAÇÃO E TESTES DE USABILIDADE

A equipe da Catarinas Design iniciou o trabalho nos *wireframes* de alta fidelidade, seguido de prototipação para realizar testes de usabilidade. Para o teste de usabilidade, foram recrutados estudantes que estavam realizando o TCC. O objetivo do teste era verificar se o fluxo de navegação da plataforma estava coerente e quais eram os problemas de usabilidade do protótipo, bem como confirmar as nomenclaturas utilizadas e se os ícones tinham fácil compreensão.

PASSO 5: CONCEITO GRÁFICO, *STYLEGUIDE* E *FRONT-END*

A equipe de projetos da Catarinas Design reuniu-se para mais uma sessão de *brainstorm*, visando aos ajustes que deveriam ser feitos com base em algumas dificuldades levantadas pelos usuários, como, por exemplo, uma definição melhor dos ícones, uma navegação mais eficaz em determinado ponto da plataforma, entre outros.

Com todos os *wireframes* ajustados, finalizados e aprovados pelo cliente, foi elaborado o conceito gráfico da tela principal, que serviu para a aprovação do cliente. Para este projeto, optou-se por desenvolver o conceito gráfico e um *styleguide* em HTML, CSS e JavaScript, isto é, um guia de estilos de elementos e componentes gráficos (estáticos e interativos), para uma aplicação e a expansão futura da plataforma.

REFERÊNCIAS

ALBUQUERQUE, P. *Em que consiste uma boa experiência do usuário?*. Florianóplis: Catarinas Design, 2015. Disponível em: < http://catarinasdesign.com.br/em-que-consiste-uma-boa-experiencia-do-usuario/>. Acesso em: 23 nov. 2015.

CHARETTE, R. N. *Why software fails*: we waste billions of dollars each year on entirely preventable mistakes. [S. l.]: IEEE Spectrum, 2005. Disponível em: <http://spectrum.ieee.org/computing/software/why-software-fails>. Acesso em: 21 nov. 2015.

COOPER, A.; REIMANN, R.; CRONIN, D. *About Face 3*: the essentials of interaction design. 3rd ed. Indianapolis: Wiley, 2007.

NIELSEN, J. *Usability ROI declining, but still Strong*. Fremont: NN/g, 2008. Disponível em: <http://www.nngroup.com/articles/usability-roi-declining-but-still-strong/>. Acesso em: 21 nov. 2015.

NIELSEN NORMAN GROUP. *Site*. Fremont: NN/g, 2015. Disponível em: <http://www.nngroup.com/>. Acesso em: 21 nov. 2015.

CAPÍTULO 04
ASSESSORIA DE IMPRENSA PARA POSICIONAR-SE NO MERCADO

FABRÍCIO RODRIGUES
RODRIGO LÓSSIO
DIALETTO

O QUE É ASSESSORIA DE IMPRENSA?

A assessoria de imprensa é uma atividade desenvolvida por profissionais da área de comunicação (em sua maioria, jornalistas e relações públicas) para apresentar o trabalho de uma empresa, entidade, associação de classe ou personalidade pública para os meios de comunicação. Assim, o assessor de imprensa é o responsável por fazer a ponte entre o que a empresa quer comunicar e o que a imprensa precisa saber.

Para que esse meio de campo jogue redondo, é preciso entender algumas particularidades do dia a dia da imprensa e como as informações fornecidas pela empresa podem se encaixar nos espaços editoriais dos veículos. Estamos falando de mídias diversificadas, que demandam um atendimento específico para cada perfil de veículo (TVs, rádios, jornais impressos, revistas, portais de notícias, *blogs* especializados).

As redações mudam muito. Poucos profissionais constroem uma carreira cobrindo um mesmo assunto, o que se torna um desafio para a comunicação de empresas que atuam em segmentos muito especializados, como a área de tecnologia da informação (TI).

Outra característica dos veículos segmentados é que, pegando novamente o exemplo do setor de TI, a "batalha" pelos espaços editoriais será com os maiores de seu mercado. O que de tão relevante um *press release* sobre uma pequena empresa de *cloud computing* pode oferecer ao editor de um portal de TI para que, no dia seguinte, ele possa estar lado a lado com uma notícia da Amazon na *home* do portal? E se não tiver sido sua empresa, mas sua concorrente?

Antes de avançarmos para questões mais técnicas, é importante ressaltar que o assessor de imprensa busca para seu cliente sempre inserções editoriais, ou seja, matérias que não sejam pagas e que sejam reconhecidas pelos leitores como notícias relevantes. Essa credibilidade é o alicerce de um trabalho eficiente de assessoria de imprensa. Se, em algum momento, a inserção envolver investimento financeiro de qualquer ordem, esse trabalho não será gerenciado por um assessor de imprensa, e sim por um profissional da área de publicidade.

COMO ESSA INFORMAÇÃO CHEGA AOS VEÍCULOS?

A assessoria de imprensa produz *press releases*, que são escritos em uma linguagem jornalística e têm como objetivo apresentar a empresa e, também, notícias relacionadas a ela que tenham relevância para determinado público (o desenvolvimento de uma solução inovadora, o balanço dos resultados do ano, a aquisição de outra empresa, etc.). A partir daí, cabe à assessoria de imprensa definir os canais em que esse material possa ser utilizado como notícia e iniciar um trabalho de aproximação com os jornalistas (editores, repórteres, produtores de TV e rádio) – o que pode resultar no agendamento de uma entrevista e na publicação de uma matéria citando a empresa em determinado veículo.

Muitas vezes, o assunto não interessa ao jornalista no momento da divulgação, mas a qualidade da informação enviada pode colocar a empresa no radar para futuras pautas. Quando falamos em qualidade da informação, queremos dizer:

informações confiáveis e precisas em um texto bem escrito e de fácil entendimento ao jornalista, que, em geral, é um profissional generalista que precisa cobrir uma ampla variedade de pautas e assuntos. Por isso, por mais óbvios que sejam os significados de termos como *SaaS*, *pitch* ou *bootstraping* dentro do universo de TI, para o jornalista eles podem parecer senhas indecifráveis que afastam qualquer interesse pela notícia.

Em resumo, a assessoria de imprensa não somente irá noticiar os fatos mais relevantes de sua empresa e enviá-los aos colegas de redações, mas também será responsável por: desenvolver estratégias de comunicação eficazes para apresentar a empresa e fazer com que ela seja citada em reportagens/entrevistas/notas; compreender a visão, a missão e os valores da empresa a tal ponto que seja capaz de redigir editoriais e artigos de opinião; atender a demandas da imprensa a qualquer horário (jornalistas não costumam folgar em feriados e cumprem escalas aos fins de semana); filtrar informações e preparar a fonte para atender a imprensa; monitorar notícias sobre concorrentes, outros *players* e tendências no mercado de atuação da empresa; entre outras funções.

ONDE SURGIU A ASSESSORIA DE IMPRENSA E QUAIS SÃO SUAS REFERÊNCIAS?

Este não é um serviço de imprensa secreto. Todo nosso trabalho é feito às claras. Pretendemos fazer a divulgação de notícias. Isto não é agenciamento de anúncios. Se acharem que o nosso assunto ficaria melhor na seção comercial, não o usem.

Nosso assunto é exato. Mais detalhes, sobre qualquer questão, serão dados prontamente. E qualquer diretor de jornal interessado será auxiliado, com o maior prazer, na verificação direta de qualquer declaração de fato.

Em resumo, nosso plano é divulgar, prontamente, para o bem das empresas e das instituições públicas, com absoluta franqueza, à imprensa e ao público dos Estados Unidos, informações relativas a assuntos de valor e de interesse para o público (LEE, 1906 apud WEY, 1986, p. 31).

Esse manifesto, que explica de forma bem direta o que é e como funciona o trabalho de um assessor de imprensa, foi escrito há mais de cem anos e permanece muito atual. Seu autor é Ivy Lee, jornalista americano que foi o pioneiro da comunicação empresarial ao estabelecer o primeiro escritório de relações públicas do mundo, na cidade de Nova Iorque, em 1906. Seu primeiro cliente foi ninguém menos do que o magnata John D. Rockefeller. Visto pela opinião pública da época como um monopolista impiedoso, ele precisava andar cercado de guarda-costas.

Esta foi a oportunidade que Lee encontrou e explorou muito bem: prestar assessoria de comunicação e cuidar das relações com a imprensa de um grande empresário cujas corporações geravam informações relevantes ao mercado. Assim, Ivy Lee criou um serviço especializado, que utilizava notícias em vez de anúncios ou matérias pagas. Como em qualquer inovação, ele teve dificuldades para explicar a diferença entre uma coisa e outra. Por isso, sua carta de princípios, reproduzida anteriormente, que foi enviada a editores de diversos veículos dos Estados Unidos, tornou-se um documento histórico e um referencial para qualquer assessor de imprensa, mesmo um século depois.

No Brasil, a assessoria de imprensa começou a surgir a partir da década de 1960. A Esso, que também criara um prêmio especial para reportagem (ainda hoje o mais valorizado da categoria), foi uma das empresas pioneiras no desenvolvimento de uma estrutura de relacionamento com a imprensa no país. A Volkswagen, no início daquela década, pensou além: desenvolveu a chamada Seção de Imprensa, que consistia em uma série de notas curtas com assuntos de interesse do setor automobilístico, como novas estradas que estavam sendo abertas, dicas e orientações sobre o trânsito, etc. Essas notas eram enviadas à imprensa e utilizadas sempre que havia um espaço em branco nos jornais. O objetivo não era simplesmente divulgar notícias relacionadas diretamente à Volkswagen (algo muito raro à época), mas prestar um serviço que emprestasse credibilidade à empresa dentro das redações, algo que ninguém fazia e que guarda semelhanças com alguns propósitos do *inbound marketing* praticado hoje em dia.

Com o crescimento da economia nacional ao longo das décadas seguintes, o fortalecimento do mercado de comunicação (a criação de novas revistas e o consequente aparecimento de grandes empresas de publicidade) e a redemocratização nos anos de 1980, a assessoria de imprensa começou a deixar de ser exclusividade de grandes corporações para tornar-se um instrumento de comunicação para empresas de médio porte, entidades associativas, instituições de ensino, organizações do terceiro setor, partidos políticos e até mesmo profissionais liberais. Em razão dessa ampliação do mercado – e do enxugamento nas redações –, hoje, 68% dos jornalistas do país atuam na área de assessoria de imprensa, de acordo com a pesquisa "Perfil profissional do jornalista brasileiro", feita pelo Programa de Pós-graduação em Sociologia Política da Universidade Federal de Santa Catarina (UFSC) em parceria com a Federação Nacional dos Jornalistas (FENAJ) e divulgada em 2013 (BERGAMO; MICK, 2013).

A evolução natural deste setor é a segmentação. Em vez da cobertura de assuntos gerais (algo que o jornal de sua cidade faz desde que foi criado), a tendência que vem se estabelecendo nos novos veículos (revistas, *blogs*, canais a cabo ou do YouTube) é atuar em um nicho bem específico: esportes, educação, saúde, moda, tecnologia, etc. Isso leva também a um aumento da especialização por parte das assessorias.

Daqui por diante, vamos exemplificar, neste capítulo, como funciona o trabalho de uma assessoria de imprensa especializada em tecnologia, utilizando *cases* e a bagagem da Dialetto, que, desde 2007, atua com foco em empresas inovadoras.

QUEM DEVE USAR ASSESSORIA DE IMPRENSA?

A assessoria de imprensa é uma ferramenta poderosa para as empresas que já estão operando no mercado com soluções inovadoras, clientes satisfeitos e perspectivas de negócios capazes de atrair investidores. Se sua empresa atende a pelo menos um desses requisitos, ela está madura para dedicar tempo e recursos a uma assessoria de imprensa. Se não é o caso de sua empresa, então ainda não é hora de contar com esse serviço.

A assessoria de imprensa não gera notícia. Ela deve "farejar" o que é notícia dentro das empresas, a partir de uma imersão nos produtos desenvolvidos, na rotina de trabalho, na história dos empreendedores, nos resultados obtidos e na proposta de valor que a empresa gera para o mercado e a sociedade. Portanto, mesmo que seu algoritmo seja imbatível ou sua solução permita uma escalabilidade interplanetária, se nada disso estiver solidificado no mercado (ou seja, um MVP ao menos), o que teremos será uma grande promessa, mas nenhuma notícia. Ainda.

Há algumas décadas, as grandes corporações entenderam a necessidade de contar com uma forte equipe de comunicação, seja interna ou terceirizada. Mais recentemente, as empresas de médio porte, que cresceram a partir da estabilização da moeda brasileira e do fim da hiperinflação, também começaram a demandar serviços de assessoria de imprensa. Contudo, hoje, este trabalho pode ser ainda mais estratégico para as micro e pequenas empresas, como percebemos em um mercado em crescimento como o de TI.

Com relação a negócios diferenciados, como as *startups*, a assessoria de imprensa pode ajudar a disseminar o modo como projetos disruptivos e novos modelos de gestão (que impactam a produtividade e constituem uma nova cultura de trabalho) estão mudando não só os ambientes corporativos, mas também a forma como nos relacionamos com a tecnologia. Nos *cases* destacados neste capítulo, apresentaremos alguns exemplos de empresas inovadoras que obtiveram um reconhecimento de mercado com o apoio de ações de assessoria de imprensa.

POR QUE USAR ASSESSORIA DE IMPRENSA EM MINHA EMPRESA?

Um eficiente trabalho de assessoria de imprensa gera uma importante percepção de credibilidade a respeito da empresa. Qualquer empreendedor que entenda, em determinado momento de seu negócio, que é preciso ter uma visão clara e estratégica sobre o que a comunicação pode trazer precisará de uma estrutura de assessoria de imprensa.

O trabalho dos assessores pode não ser eterno em uma empresa, mas deve ajudar a desenvolver uma cultura de comunicação interna e um senso de preocupação em atender às demandas solicitadas pela imprensa. Em alguns casos, um jornalista pode pedir uma entrevista diretamente pelo celular do CEO da empresa, ou o CEO pode receber um *e-mail* com perguntas sobre um assunto que o próprio repórter tem dificuldade de compreender. Como proceder? Os assessores são o filtro dessas conversas, respondendo previamente a algumas questões já acordadas com a empresa, antecipando dúvidas do jornalista à fonte e municiando o jornalista com outros *press releases* contendo notícias relacionadas.

Além disso, o resultado do trabalho da assessoria é um complemento às estratégias digitais (*blog*, redes sociais). Postagens de matérias sobre a empresa publicadas em veículos relevantes geram credibilidade e, consequentemente, fortalecem as ações de *branding*.

A recorrência do trabalho de assessoria de imprensa é fundamental para uma estratégia de SERP Domination, que é a utilização de várias táticas de *search engine optimization* (SEO) com o objetivo de ocupar o máximo de posições orgânicas possíveis na busca por um termo. A indexação de notícias positivas sobre a empresa é uma das táticas mais utilizadas. Novamente, voltamos à questão da credibilidade, que gera uma posição de referência da empresa no mercado e ajuda no relacionamento com formadores de opinião. Afinal, na visão de um colunista de negócios, por exemplo, editorialmente é mais seguro buscar informações com quem tenha o que oferecer: uma boa história, dados confiáveis, números do negócio e do setor, *cases* bem estabelecidos, etc.

QUAIS SÃO OS PRINCIPAIS ERROS EM ASSESSORIA DE IMPRENSA QUE AS EMPRESAS COMETEM?

CONFUNDIR MATÉRIA ESPONTÂNEA COM MATÉRIA PAGA

Mesmo um século depois da carta de princípios de Ivy Lee, o pioneiro da assessoria de imprensa, ainda é comum haver confusão entre os propósitos de uma matéria espontânea e de uma inserção paga. Quando a assessoria de imprensa está negociando a publicação de uma nota, uma reportagem ou uma entrevista em determinado veículo, a fonte não tem acesso ao texto antes da publicação, por exemplo, e nem todas as declarações dadas serão aproveitadas. Em contrapartida, o leitor saberá que aquele espaço ocupado pela empresa não contém publicidade, mas um fato que o veículo considerou relevante.

Outra prática comum – embora não seja necessariamente um erro – é fazer a "valoração" da matéria, ou seja, verificar quanto custaria a inserção no espaço em que a empresa foi citada se fosse necessário pagar por um anúncio. Digamos que uma reportagem sobre sua empresa tenha ocupado meia página de uma importante revista de negócios. Por mais que esse espaço possa ser comercializado por algumas dezenas de milhares de reais, conceitualmente, essa comparação é equivocada. O espaço para a reportagem, em um veículo sério e de credibilidade, nunca estará à venda. O recado, portanto, é evitar a valoração do clipping como uma métrica para a assessoria de imprensa.

ANTECIPAR INFORMAÇÕES QUE AINDA NÃO ESTEJAM CONSOLIDADAS OU EXAGERAR NA PERSPECTIVA DE RESULTADOS DE SUA EMPRESA

Você está conversando com um jornalista e, em sua mesa, há o maior contrato da história da empresa, pronto para ser assinado. A tentação de antecipar para a imprensa que os negócios vão crescer exponencialmente nos próximos meses é grande, assim como os riscos dessa atitude.

Para a assessoria de imprensa, divulgar um grande contrato ou um aporte milionário é uma grande notícia, mas, se ela for publicada antes de se tornar realidade, qualquer imprevisto (um crescimento abaixo do esperado, por exemplo) poderá resultar em um fiasco na comunicação. Um jornalista atento poderá, alguns meses depois, voltar ao assunto e questionar como foram os resultados desde que o grande anúncio foi feito. Se o prometido fica longe do alcançado, a credibilidade da empresa como fonte vai ao chão – isso quando o jornalista não publica uma matéria sobre o fracasso de tal iniciativa.

ACHAR QUE SEU NEGÓCIO NÃO TEM CONCORRENTE OU É "O MELHOR DO MERCADO" POR CONSIDERÁ-LO INOVADOR

No ambiente das *startups*, não é difícil encontrar inovações realmente disruptivas e inéditas para a grande maioria dos mortais. Porém, conforme o próprio conceito que vários teóricos defendem, inovação só pode ser considerada como tal se, aplicada ao mercado, já obteve sucesso, comprovação de eficácia e, sobretudo, viabilidade econômica. Sem esses princípios, algo não pode ser considerada inovador. Além disso, ainda há quem acredite que seu negócio não tem concorrentes – por vezes, diretamente, isso até pode ser verdade, porém, os concorrentes indiretos não podem ser ignorados.

Todos esses aspectos são levados em conta pelo jornalista ao querer contar uma história por meio de uma reportagem, por exemplo. Apresentar o cenário em que sua *startup* está inserida, inclusive citando concorrentes diretos e indiretos e seu posicionamento diante deles, sem oferecer demérito, costuma ter boa recepção pelos repórteres. Isso só precisa ser pensado de forma estratégica e alinhado com sua assessoria de imprensa.

CONFUNDIR ASSESSORIA DE IMPRENSA COM AÇÃO DE *MARKETING*

A assessoria de imprensa se consolidou no universo corporativo dentro dos departamentos de *marketing*, mas há algumas particularidades a serem consideradas, entre elas, a noção de que nem todas as ações de *marketing* podem ser utilizadas como estratégias pelos assessores. A participação em um evento certamente rende um *press release* para a imprensa, mas uma campanha interna de vendas não tem apelo público, a não ser que tenha gerado algo realmente inédito (p. ex., a empresa duplicou as vendas a partir de uma iniciativa).

ACHAR QUE A ASSESSORIA DE IMPRENSA VENDE PRODUTOS

Uma expectativa comum de quem não está familiarizado com assessoria de imprensa é achar que esse investimento resulta em aumento de vendas. Pode até resultar, mas o propósito não é esse. O grande ativo que o trabalho de assessoria de imprensa gera a quem o utiliza, como já citamos, é a credibilidade. A transparência na comunicação e a disponibilidade para atender a imprensa ajudam a estabelecer a empresa em um grau diferenciado em relação a muitos concorrentes que não têm a mesma preocupação. Em paralelo, um trabalho de geração de conteúdo opinativo (p. ex., artigos) fortalece a posição da empresa como especialista em determinado assunto.

USAR O *PRESS RELEASE* PARA INFLAR O EGO DO CEO, E NÃO PARA CATIVAR O JORNALISTA

O *press release* tem uma *persona* bem definida: o jornalista. Para cativar esse público – que exige boas informações, tem um dia a dia frenético e recebe toneladas de *press releases* de outras empresas –, o texto precisa conter dados confiáveis e uma linguagem simples e direta que sirva para convencer o jornalista a publicar aquele material ou obter mais informações.

Aquele texto bonito que mostra como a empresa ou a solução traz vantagens para o nosso dia a dia, com depoimentos motivadores dos porta-vozes, será muito bem aproveitado no *site*, mas não é isso que vai encher os olhos do jornalista; ele procurará dados sobre a empresa e indicadores claros que o convençam que ali há uma reportagem quente ou alguma perspectiva de negócios (percentual de crescimento, faturamento, novos mercados).

NÃO ENVOLVER O PARCEIRO/ CLIENTE NA COMUNICAÇÃO DE UM NEGÓCIO OU UMA SOLUÇÃO

O primeiro grande cliente de sua *startup* pode ser o passo inicial para um trabalho de comunicação mais estruturado. Assim, ao comunicar algo à assessoria de imprensa e iniciar o trabalho de planejamento, tenha certeza de que o parceiro/cliente concorda com a exposição da empresa no *press release* e verifique se ele pode disponibilizar algum porta-voz para atender a eventuais solicitações da imprensa ou coassinar o texto de divulgação.

Esse é um fator crítico para as *startups*, pois a comunicação não alinhada pode trazer riscos para a continuidade de parcerias. Se a empresa parceira não desejar essa exposição, garanta ao menos o uso de seu nome no portfólio de clientes (isso pode ser feito por meio de uma cláusula no contrato de prestação de serviços) e repense a estratégia junto com a assessoria de imprensa.

DRIBLAR O ASSESSOR E LIGAR DIRETO PARA O JORNALISTA

Quando uma empresa começa a ter exposição mais frequente nos meios de comunicação, seus porta-vozes ganham relevância para serem fontes em determinados assuntos. Isso leva alguns jornalistas a procurarem mais a assessoria de imprensa da empresa ou ligarem direto para o empreendedor. Sempre que isto ocorrer, registre na hora para que a assessoria possa acompanhar ou, preferencialmente, repasse a solicitação para a assessoria antes de responder às questões.

O problema é quando é feito o caminho contrário: por algum motivo, a fonte liga diretamente para o jornalista a fim de comunicar alguma notícia em primeira mão. Isso pode ocorrer nas seguintes situações: a fonte dá uma entrevista antecipando alguma novidade futura e o jornalista pede a ela que o avise em primeira mão sobre o assunto, prometendo um espaço no veículo; o jornalista em questão é realmente alguém de confiança, um amigo ou colega de longa data; a assessoria não pode atender a fonte naquele momento e, para não perder a oportunidade, a fonte precisa comunicar o jornalista com urgência sobre determinado assunto.

Seja qual for a situação, esse contato direto deve ser evitado. Um planejamento eficiente de comunicação passa por compromissos mútuos, como a transparência e a confiança por parte da empresa ao antecipar informações à assessoria e a disponibilidade do assessor a qualquer momento em casos de urgência. Mesmo que o objetivo da empresa seja comunicar determinada ação para um jornalista específico, a estratégia (e as consequências dessa exposição) deve ser definida em conjunto com a assessoria de imprensa.

COMO UTILIZAR A ASSESSORIA DE IMPRENSA EM MINHA EMPRESA (PASSO A PASSO)?

Bem, sua empresa decidiu contar com o trabalho de uma assessoria de imprensa. E agora? Agora você contará com um profissional ou uma agência que destacará um time de profissionais (responsáveis por atendimento, coordenação/gerenciamento de contas, direção), cuja missão será encontrar fatos relevantes para serem noticiados aos canais de interesse da empresa. Para que esse trabalho seja eficaz, é preciso entender algumas especificidades desta área. Basicamente, as recomendações são:

- abrir o máximo de dados sobre a empresa, tanto na área de negócios (perspectiva de crescimento, receita, mercado-alvo, *market share*, principais concorrentes, investimentos previstos em TI e pesquisa e desenvolvimento [P&D]) quanto na questão organizacional (missão/visão/valores, investimentos e estratégias em recursos humanos, capacitação), e fornecer um histórico da empresa;

- definir quem integrará o time que fará o atendimento às demandas da assessoria de imprensa, em diferentes graus hierárquicos (diretor de comunicação, gerente de *marketing*, analista);

- determinar quem serão os porta-vozes e disponibilizar currículos e fotos em alta resolução de cada um deles;

- utilizar a primeira reunião como base para a definição da estratégia e a elaboração de um planejamento de curto, médio e longo prazo;

- a partir disso, estabelecer uma rotina de reuniões regulares (mensais, quinzenais) com a assessoria de imprensa para acompanhar o andamento do planejamento e analisar os resultados em função da estratégia definida e das ações de curto prazo;

- estar disponível para atender a demandas emergenciais, pois o *timing* da imprensa geralmente é o "pra ontem", então, é necessário ter uma certa flexibilidade com relação a demandas de veículos que precisem fechar uma matéria para o dia seguinte ou fazer uma entrevista, por exemplo, num fim de semana.

COMO INTEGRAR A ASSESSORIA DE IMPRENSA A MEU *MARKETING* DIGITAL?

O crescimento e a consolidação da internet como meio de comunicação para marcas e empresas fizeram o trabalho do assessor de imprensa mudar radicalmente. Os profissionais que atuam nesta área precisam ficar atentos às potencialidades que a rede oferece para seus assessorados. Separamos algumas dicas objetivas de como aproveitar melhor a internet, integrando-a a suas iniciativas de assessoria de imprensa. Elas serão apresentadas a seguir.

CONSIDERE OS VEÍCULOS DIGITAIS EM SUA ESTRATÉGIA DE DIVULGAÇÃO. Ainda é muito comum os assessorados privilegiarem os veículos tradicionais, sobretudo os impressos e as emissoras televisivas. É inegável a importância da tradicional imprensa ainda nos dias de hoje, porém os veículos *on-line* ganharam muita relevância nos últimos anos, inclusive os chamados *pure players* – aqueles com versões somente digitais. Além disso, a mídia tradicional tem investido cada vez mais no digital, ampliando sua cobertura jornalística outrora limitada pelo número de páginas, no caso de jornais e revistas, ou pelos segundos, no caso de rádios e TVs. Privilegiar o digital em alguns casos, sobretudo nas mídias especializadas e de nicho, pode ser muito importante para ampliar a visibilidade da marca ou empresa, pois essas mídias estão mais próximas do segmento de negócio do assessorado.

LEMBRE-SE DE QUE A DIVULGAÇÃO *ON-LINE* AMPLIA A RELEVÂNCIA DA EMPRESA NOS MECANISMOS DE BUSCA. Um dos benefícios mais evidentes que um bom trabalho de assessoria de imprensa digital pode proporcionar à empresa é o fortalecimento de uma estratégia de *link building* para o *site* do negócio. Com essa estratégia, espera-se que portais de veículos de comunicação façam *links* relevantes para páginas internas do *site* ou do *blog* da empresa, sempre com conteúdos complementares e contextuais, com âncoras adequadas de texto. Por exemplo, se, em determinado trecho de uma matéria, o jornalista citasse "tendências em comércio eletrônico para 2015", esse trecho poderia ter um *link* direto para um *post* dentro do *blog* da empresa que fosse exatamente sobre o tema. Esse *link* com âncora é muito mais relevante do que um mero *link* do *site* da empresa na notícia.

FIQUE NAS PRINCIPAIS POSIÇÕES DO GOOGLE NÃO SÓ COM SEU SITE. É inegável a importância de o *site* do seu negócio figurar entre os primeiros 10 resultados de um mecanismo de busca – não só o *site* da empresa, mas especialmente as principais palavras-chave que estão em torno dele. Nesse trabalho, é claro que a empresa não conseguirá ocupar todos os primeiros 10 resultados – provavelmente, um ou dois apontamentos. Uma das vantagens do trabalho de assessoria de imprensa é que, muitas vezes, podemos conseguir espaços em portais de notícias que falem da empresa ou de algumas palavras-chave importantes para o negócio. Com isso, mesmo indiretamente, a empresa poderá estar posicionada no buscador com *links* próprios e, também, com *links* externos. Tecnicamente, chamamos isso de SERP Domination, estratégia sobre a qual já falamos anteriormente.

INTERAJA COM OS FORMADORES DE OPINIÃO DE SEU SEGMENTO. No trabalho de assessoria de imprensa clássico, tendemos a criar relacionamentos e sugerir pautas sempre para os jornalistas que estão em veículos de comunicação. Porém, é possível ir muito além por meio do trabalho de divulgação de sua marca em outros *sites*. Com os *blogs* de opinião e de especialistas ganhando espaço, será que a indústria em torno de seu negócio não possui figuras com as quais você possa estabelecer um relacionamento, para as quais você possa sugerir temas de *posts* em conjunto ou trocas de guests *posts* em seus respectivos *blogs*? Além disso, você pode subsidiar esses formadores de opinião com dados relevantes para que eles possam escrever *posts* sobre determinados temas. Não é uma iniciativa simples e exige muita estratégia, mas inicie com aqueles que você já conheça e, sobretudo, com quem tenha um relacionamento.

TENHA EM MENTE QUE A PRESENÇA DIGITAL RELEVANTE COM UMA BOA ASSESSORIA DE IMPRENSA AMPLIA A GERAÇÃO DE *LEADS*.
Outro aspecto importante de integrar uma boa presença digital ao trabalho de assessoria de imprensa é que, quando seu negócio ganha evidência em algum veículo relevante – sobretudo jornais de grande circulação e emissoras de TV –, sua exposição pode ser exponencial. Esses veículos não costumam sugerir o *site* para o acesso da informação. Em alguns casos, como emissoras de TV, nem sequer citam o nome da empresa em questão (e isso é bem comum). Assim, se sua assessoria conquistar um espaço relevante, o leitor do jornal ou o telespectador poderá utilizar o buscador para conseguir mais informações da matéria que ele leu ou assistiu. Se seu *site* tiver presença digital relevante, você poderá se beneficiar diretamente desse novo tráfego. Com uma estratégia de *inbound* consolidada e bem feita, seu *site* também fará ofertas de conteúdos para conseguir converter a audiência em *leads*.

USE SEU *BLOG* COMO A PRINCIPAL FONTE DE INFORMAÇÕES DE SEU MERCADO. Por fim, por mais que o trabalho de assessoria de imprensa consiga espaços externos que passem a falar de sua empresa e seu negócio, nada é mais importante do que você ter e manter um canal próprio de conteúdo. Investir em conteúdo próprio é sustentável ao longo do tempo, e sua empresa passa ter a possibilidade de oferecer um *site* ou um *blog* que constitua a principal fonte de informações especializadas e aprofundadas de seu mercado. A imprensa, com seu caráter de cobertura amplo e, por vezes, superficial, não oferece espaços para aprofundar assuntos que possam ser de interesse de seus *prospects*. Com conteúdos especializados, aprofundados e desenvolvidos de acordo com a estratégia e o desenho de *personas* de interesse, o *site* de sua empresa pode, em pouco tempo, passar a ser referenciado como fonte respeitada do tema, impactando não só possíveis futuros clientes como os atuais.

CASE 1
A PERSONALIZAÇÃO NO *E-COMMERCE* CHEGOU AO NOTICIÁRIO (CHAORDIC)

A EMPRESA

A Chaordic nasceu em 2009, a partir de uma dissertação de mestrado em inteligência artificial dos então estudantes

João Bernartt e João Bosco e de um concurso que a Netflix criou para premiar quem conseguisse melhorar o algoritmo de recomendação da empresa. A dupla não conseguiu vencer o concurso, que teve como prêmio a quantia de 1 milhão de dólares, porém obteve o melhor resultado da América Latina, o que incentivou os estudantes a levar adiante a ideia de desenvolver sistemas e algoritmos de recomendação para o comércio eletrônico nacional. Com um modelo de negócio projetado, a conquista de editais públicos do Conselho Nacional de Desenvolvimento Científico e Tecnológico (CNPq) e da Fundação de Amparo à Pesquisa e Inovação do Estado de Santa Catarina (FAPESC) foi o empurrão para estruturar a empresa.

No ano seguinte, 2010, alguns acontecimentos já demonstraram o potencial e a relevância que a Chaordic alcançaria nos anos seguintes: a empresa recebeu investimentos da gestora de recursos DLM Invista, dos sócios Paulo Caputo e Jorge Steffens, e, além disso, recebeu recursos da Financiadora de Estudos e Projetos (FINEP) para o desenvolvimento do primeiro produto – o Chaordic OnSite –, o que a levou a conquistar o primeiro cliente, a Saraiva, um dos maiores *e-commerce*s do país.

COMO FIZEMOS

Depois de algumas semanas de negociação, a Dialetto foi contratada como assessoria de imprensa da Chaordic com o objetivo de dar visibilidade à solução que a empresa queria levar ao mercado. Primeiramente, é importante dizer que, à época, algoritmos de recomendação e a oferta de conteúdos e anúncios de forma personalizada ao usuário de internet ainda eram uma novidade no país – existiam poucas iniciativas e as referências de uso eram norte-americanas, como a Amazon e a Netflix.

Após algumas ações isoladas – como o anúncio do investimento que a empresa recebera, bem como a apresentação do que a empresa desenvolvia –, percebemos a importância de um primeiro *case* consistente para a divulgação da Chaordic. Esse momento coincidiu com o início do piloto do uso da recomendação no *e-commerce* da Saraiva. O assunto era tratado de forma sigilosa não só internamente, mas também no relacionamento com a assessoria de imprensa, já que tanto a Chaordic quanto a Dialetto assinaram termos de confidencialidade que previam multas milionárias caso alguma informação vazasse – afinal, a Chaordic estava lidando com informações de alguns milhares de clientes da Saraiva para poder entregar a melhor experiência de recomendação.

Após os primeiros testes da solução da Chaordic, vieram os resultados para lá de positivos na Saraiva: nas categorias de produtos que contavam com o sistema da empresa, houve um crescimento de até 40% das vendas. Com esta e diversas outras informações, definimos uma meta, um gol a ser feito, que seria emplacar a história da Chaordic e de seu primeiro *case* na maior revista de negócios do país – a *Exame*. Não era tarefa fácil, afinal, a revista tinha como prática fazer reportagens somente com empresas que já faturassem, pelo menos, duas centenas de milhões de reais, realidade distante para a Chaordic. Porém, com a Saraiva na matéria e sua relevância no *e-commerce* brasileiro, acreditamos que seria possível conseguir o espaço.

Em parceria com o empreendedor João Bernartt, foi construída uma sugestão de pauta supercompleta a partir de uma percepção que a assessoria tinha acerca do perfil de reportagens de tecnologia da *Exame*, percepção esta que era resultado do acompanhamento de edições anteriores. Em geral, à época, as reportagens da revista iniciavam mostrando uma tendência que, em países da América do Norte e/ou da Europa, já se mostrava como realidade, enquanto, no Brasil, uma primeira iniciativa começava a ganhar força a partir da adoção de uma empresa relevante.

Assim surgiu a pauta sugerida à repórter da *Exame*: ela destacava a Amazon e a Netflix como referências no uso de algoritmos de recomendação no comércio eletrônico mundial, cuja tecnologia começava a chegar ao Brasil por meio de uma *startup* formada por então dois estudantes que participaram de uma premiação da própria Netflix. O negócio começava a dar certo, não somente pelos editais de fomento e investimento privado que a empresa conquistara, mas principalmente pela aquisição de um grande cliente nacional.

Nas primeiras oportunidades, ao abordar a repórter (que, depois, viria a fazer a reportagem), a assessoria não pôde revelar o nome do *e-commerce* pelas razões já expostas. Porém, construindo um bom relacionamento e evidenciando o ineditismo da pauta, bem como sua relevância à época, convencemos a jornalista a levar a sugestão a seu editor. Ressaltamos que, com o interesse exposto, batalharíamos para conseguir a aprovação do cliente misterioso (mas relevante) para abrir o *case*. Foi o que aconteceu: em novembro de 2010, três meses depois de iniciados os trabalhos, uma reportagem de três páginas na *Exame* destacava a Chaordic e sua tecnologia implantada na Saraiva.

RESULTADOS ALCANÇADOS

Essa reportagem foi fundamental para o momento inicial da Chaordic. Afinal, que *startup* não gostaria de ter sua história e seu sucesso estampados na revista que certamente está na mesa de nove entre 10 executivos de negócios de grandes empresas brasileiras? Além de prestigiar o cliente pioneiro, a exposição permitiu que a empresa destravasse reuniões e outras oportunidades de negócios que, em outras circunstâncias, como *startup*, teria mais dificuldades de conseguir. O prestígio da *Exame* também fez com que vários outros veículos buscassem mais informações sobre a empresa, desdobrando emplacadas em periódicos relevantes como *Valor Econômico, Brasil Econômico, O Estado de S. Paulo*, entre outros.

O trabalho de assessoria de imprensa também rendeu exposições em revistas como a *Superinteressante*, que quis detalhar os algoritmos por trás das recomendações realizadas pela empresa – isso decorreu da oferta de uma sugestão de pauta diferenciada, de acordo com o perfil da publicação. Além disso, o trabalho de meses expôs a Chaordic como uma das principais *startups* catarinenses no cenário nacional, sendo destaque, ainda, no cenário regional como exemplo de empresa inovadora e com grande crescimento.

Os investimentos nas ações de gestão de pessoas, bem como no ambiente de trabalho diferenciado, "venderam" a *startup* como um bom local para trabalhar (em 2013, foi eleita pelo *Great Place to Work* como melhor empresa com até mil funcionários para trabalhar em Santa Catarina) e impor desafios aos colaboradores. O ambiente descontraído de trabalho rendeu reportagens em emissoras de TV nacionais, como Globo (*Jornal Hoje*) e Record.

CASE 2
SOLUÇÃO PARA UM PROBLEMA CRÔNICO NO COMÉRCIO (CATAMOEDA)

A EMPRESA

A CataMoeda é o resultado de um sonho do empreendedor paulista Victor Levy, que, depois de vender sua empresa de tecnologia nos Estados Unidos e rodar o mundo durante um período sabático de três anos, decidiu se estabelecer em Florianópolis para começar seu projeto: uma solução que estimulasse as pessoas a tirar as moedas de seus cofrinhos e, assim, devolvê-las ao comércio, que sofre do problema crônico de falta dessas moedas no caixa.

O desenvolvimento do produto resultou em uma máquina para ser colocada em supermercados que, ao receber uma doação em moedas, emite um tíquete com o valor do depósito mais um bônus (entre 2 e 5% do total depositado) a ser utilizado no ponto de venda. A máquina, com *design* atrativo e utilização praticamente intuitiva, teria um grande apelo para pessoas de todas as idades optarem por quebrar seus cofrinhos, obtendo um retorno financeiro, mesmo que pequeno, pela iniciativa e, assim, ajudando na circulação de moedas no comércio.

COMO FIZEMOS

Assim que a primeira rede de supermercados adotou o CataMoeda em algumas de suas lojas, no estado do Paraná, foi iniciado um trabalho de divulgação direcionado a TVs e jornais da região onde a máquina foi instalada, Curitiba. Em paralelo, foram enviadas sugestões de pauta para a imprensa nacional.

A primeira matéria nacional foi publicada na *Folha de S. Paulo*, que mostrou como empresas como a CataMoeda estavam criando inovações para estimular clientes a usar as esquecidas moedinhas. Para reforçar a importância dessa solução para o mercado, utilizamos dados do Banco Central de 2013, que indicavam que 30% das moedas produzidas no país estavam fora de circulação.

O *case* da CataMoeda repercutiu em diversos outros veículos de relevância regional (especialmente nas cidades em que a máquina estava sendo instalada) e nacional. Entre as inserções, um perfil do empreendedor foi publicado na revista *Exame PME* e uma nota (com direito a *charge* sobre a solução) foi publicada na coluna Mercado Aberto, da *Folha de S. Paulo*. Como o assunto tinha grande apelo visual, a CataMoeda também rendeu reportagens de TV em vários estados.

Para manter o interesse da imprensa nacional na CataMoeda, no decorrer da expansão da empresa, buscamos outros indicadores que estimulassem novas matérias. Um deles surgiu em 2014, quando uma reportagem do jornal O *Estado de S. Paulo* informou que a Casa da Moeda iria produzir apenas um terço do total de moedas previsto para aquele ano, o que causaria impacto negativo no comércio

– uma oportunidade para a CataMoeda se apresentar como solução a esse problema. Entre os resultados obtidos nesta nova rodada de divulgação, houve uma nova reportagem de O *Estado de S. Paulo* mostrando como o mercado estava desenvolvendo soluções inovadoras contra a falta de troco no comércio – com a CataMoeda em destaque.

Em dois anos de existência, a CataMoeda e a curiosa história de seu empreendedor já foram matéria-prima para cerca de 400 notícias publicadas na imprensa, incluindo TVs, jornais, rádios e portais *web*, de norte a sul do país (p. ex., *Jornal Nacional, Exame, Exame PME, Folha de S. Paulo, O Globo, Valor Econômico, UOL, Pequenas Empresas & Grandes Negócios*).

REFERÊNCIAS

BERGAMO, A.; MICK, J. (Coord.). *Perfil do jornalista brasileiro*: características demográficas, políticas e do trabalho (2012): síntese dos principais resultados. Florianópolis: UFSC, 2013.

WEY, H. *O processo de relações públicas*. 4. ed. São Paulo: Summus, 1986.

CAPÍTULO 05

GERAÇÃO DE CONTEÚDO DIGITAL

EMILIA CHAGAS
CONTENTOOLS

O REINADO DO CONTEÚDO

Conteúdo digital é toda informação disponível na internet. Essas informações se apresentam em formatos variados, como documentos, dados, artigos, imagens, vídeos e gravações de áudio. Podem estar em locais diversos também, como em *website*s, redes sociais ou fóruns, que são murais *on-line* com perguntas e respostas.

Os avós do conteúdo digital são o hipertexto e a hipermídia, conceitos que tiveram origem na década de 1940 como conjuntos de informações a que se tem acesso por meio de *links* específicos. Entre 1989 e 1990, eles foram a base para a estrutura da rede mundial de computadores, a World Wide *Web*: "A motivação que deu início à era digital foi justamente desenvolver uma memória global e coletiva, com informações que se comunicassem entre si, organizadas em rede para serem facilmente encontradas" (BERNERS-LEE, 1990).

Em 1991, surgiu o primeiro *website* da história (WORLD..., 200?). Era uma página simples, com conteúdo em texto e *links* para outros conteúdos. Em 2014, o número de *website*s chegou a 1 bilhão (INTERNET LIVE STATS, 200?). Temos, portanto, 1 bilhão de fontes de informação e incontáveis possibilidades de interagir com elas.

O conteúdo digital influencia nossos hábitos, nossas prioridades, nossa forma de ver o mundo. Não restam dúvidas: conteúdo é rei.

CONTEÚDO COMO GERADOR DE DEMANDA

A expressão "conteúdo é rei" foi (e ainda é) tantas vezes repetida, por tantas pessoas e há tanto tempo, que fica difícil atribuir a ela um único autor. Contudo, sua popularização atingiu outro patamar ao ser usada por Bill Gates como título de um artigo publicado no *site* da Microsoft em 1996. A redação antecipava: "A internet também permite que a informação seja distribuída mundialmente, basicamente a custo marginal zero para quem publica. Oportunidades são notáveis e muitas empresas estão fazendo planos para a criação de conteúdos para a internet" (GATES, 1996). De fato, a internet tornou a distribuição de conteúdo mais acessível e democrática para empresas de todos os portes, mas...

O uso de conteúdo como gerador de demanda teve início em uma época em que hipertexto e hipermídia nem sequer existiam. Uma das experiências mais antigas e bem-sucedidas é a revista *The Furrow*, publicada desde 1895 pela gigante norte-americana do segmento de máquinas agrícolas John Deere. A publicação atingiu seu auge de circulação em 1912, com 4 milhões de exemplares, e até hoje traz informações úteis sobre o mercado, técnicas de plantio e *cases* de sucesso de agricultores de destaque (*THE FURROW*, 2015) (Figura 5.1).

Novas edições são lançadas a cada estação, tanto no formato impresso quanto no digital, com formato especial para leitura em *tablets*. O foco do conteúdo segue o mesmo há

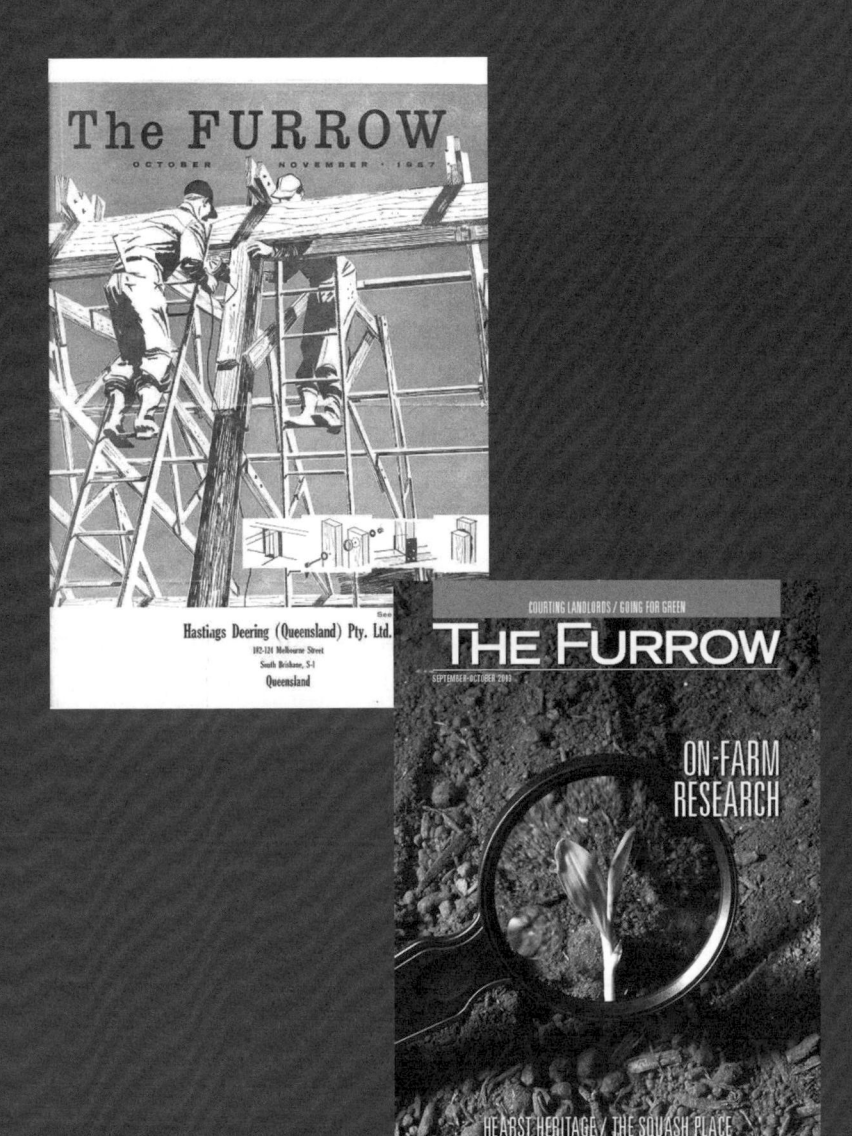

Figura 5.1 – Capas da *The Furrow*, revista da John Deere, de 1957 e 2013.
Fonte: Vizeum (2015?).

120 anos: a vida do agricultor (e não os equipamentos vendidos pela empresa).

Outro exemplo é o *Guia Michelin*, publicado pela fabricante francesa de pneus desde 1900. A publicação trazia roteiros de viagem de carro, com dicas de bons restaurantes e hotéis. Receber estrelas dos críticos do Guia Michelin, ao longo das décadas, tornou-se a premiação máxima para *chefs* dos mais disputados bistrôs da França. O guia deu lugar a um portal de viagens (MICHELIN, 2013), com recomendações de roteiros por todo o mundo.

Qual a relação entre esses conteúdos e a geração de demanda para essas empresas? No caso da Michelin, a relação é imediata: quanto mais as pessoas viajam de carro, mais vezes precisam trocar os pneus. Já no caso da John Deere, a revista funciona como um laço entre a empresa e seus clientes, preenchendo o longo ciclo de compra entre a aquisição de uma máquina e outra – que pode levar décadas.

O NOVO PROCESSO DE COMPRA

O anúncio *Man in the chair* (em português, homem na cadeira) é um clássico atemporal. Criado pela agência de publicidade de Nova Iorque Fuller & Smith & Ross para a editora McGraw-Hill, ele apareceu pela primeira vez em 1958 na revista *Businessweek*. Foi um sucesso imediato, sendo escolhido como um dos 10 melhores anúncios daquele ano.

Em uma página inteira, a peça mostra um homem sentado em uma cadeira de madeira antiga em um austero fundo branco. Vestindo um terno mal cortado e gravata borboleta, ele olha diretamente para a câmera, com as mãos dobradas em seu colo e a expressão fechada (Figura 5.2). O texto é simples, direto e elegante em sua clareza[1]:

> Eu não sei quem você é. Eu não conheço sua empresa. Eu não conheço o produto de sua empresa. Eu não sei o que sua empresa representa. Eu não conheço os clientes de sua empresa. Eu não conheço o histórico de sua empresa. Eu não conheço a reputação de sua empresa. Agora, o que é que você queria me vender? **MORAL:** Vendas começam **antes** das ligações dos seus vendedores – com anúncios em publicações de negócios.

Imagine como era a experiência de compra de seus pais ou avós na época em que esse anúncio foi publicado. O que eles faziam quando precisavam adquirir um televisor ou um eletrodoméstico? É possível que se interessassem pela compra após terem visto o produto na casa de um amigo ou um vizinho. Iriam a uma loja da cidade e contariam com o auxílio de um vendedor. Vejamos alguns aspectos do processo de compra daquela época.

- A concorrência era baixíssima – normalmente poucas lojas concorriam entre si, e apenas dentro dos próprios bairros ou cidades, não com o mundo inteiro. Além disso, os produtos de uma marca não chegavam a todas as prateleiras.

---

1 Tradução livre feita pela autora do capítulo.

Figura 5.2 – Anúncio *Man in the chair*, publicado na *Businessweek* em 1958.
Fonte: Rhodes (2012).

- O vendedor era detentor quase exclusivo de todas as informações – um dos únicos e maiores conhecedores do produto. Se você estivesse atrás de informações sobre o produto, quisesse saber sobre sua utilidade, sobre como ele poderia ser aplicado a seu negócio ou sua casa, apenas o vendedor poderia ajudá-lo.

- Se seus avós quisessem obter um desconto, apenas o vendedor seria capaz de analisar o valor ou o volume de compra e decidir se deveria ou não conceder uma redução no valor total. Cupom de desconto? Compras coletivas? Frete grátis? Somente o vendedor poderia resolver – mas muitas dessas soluções nem sequer existiam.

- Fechar uma parceria, tornar-se representante, trabalhar na empresa, comprar em lotes maiores, fazer uma mala direta ou realizar qualquer outro contato com a marca; tudo isso ocorria prioritariamente – para não dizer exclusivamente – por meio do vendedor.

Essa parece ser uma realidade impensável nos dias de hoje, mas faz apenas algumas décadas. Diversos acontecimentos tiveram sua parcela de influência para a mudança: os avanços da tecnologia, a internet, a mobilidade, a correria do dia a dia, a globalização, o alcance mundial, a rapidez com que se chega até informações, a compra por meio de poucos cliques, as mídias sociais e por aí vai. E, é claro, com a mudança no processo de compra, as empresas também precisaram mudar.

Na época da publicação do *Man in the chair*, apenas os anúncios poderiam anteceder o conhecimento dos clientes sobre os produtos e sobre as empresas, mas hoje é diferente. De acordo com uma pesquisa da SiriusDecisions, 70% da jornada de compra se completa antes mesmo de o cliente entrar em contato com algum vendedor (FUZZATO, 2015). Hoje, as dúvidas do homem da cadeira são respondidas por ele mesmo, *on-line*.

Usar conteúdo digital é uma forma de antecipar-se a essas dúvidas. É assim que as empresas, hoje, tratam de acompanhar o novo processo de compra: fornecendo informações úteis e interessantes para responder às dúvidas dos clientes a cada fase da jornada.

A interação das empresas com os clientes começa quando eles dão o primeiro passo, muitas vezes nas ferramentas de busca, e passa pelas redes sociais, fóruns de *reviews* de produtos, *site*s de reclamação, portais, *blogs*, revistas especializadas *on-line*... e também pelo *site* da própria empresa. O *site* da empresa é encontrado em uma fase inicial dessa jornada, caso tenha conteúdo destinado a tirar dúvidas mais iniciais. Caso não tenha, acaba sendo encontrado apenas na fase final da jornada, quando o cliente está em busca de detalhes técnicos sobre o produto ou o serviço.

O conjunto de estratégias que organiza o uso de conteúdo digital para a obtenção de resultados de negócio é o que se passou a chamar de **marketing de conteúdo**.

COMO CRIAR UMA ESTRATÉGIA DE *MARKETING* DE CONTEÚDO EFETIVA?

O mundo digital é movido por conteúdo. Nove em cada 10 compradores procuram conteúdo *on-line* antes de realizar uma compra (seja ela pela internet ou não) (ACQUITY GROUP, 2014). Entramos em uma era em que cada empresa precisa se considerar um veículo de mídia. Quanto mais rápido sua empresa descobrir isso e colocar em prática uma estratégia de *marketing* de conteúdo, mais rápido você irá alcançar resultados de negócios significativos.

Em seu estudo sobre integração de comunicação de *marketing*, o professor da Harvard *Business* School Robert Dolan (1999) traz um passo a passo para a implantação de um plano de *marketing*. Segundo esse passo a passo, cada um dos itens a seguir deve ser definido.

1. **MERCADO:** a quem a comunicação se destinará.
2. **MISSÃO:** qual será o objetivo a atingir.
3. **MENSAGEM:** o que será comunicado.
4. **MÍDIA:** quais serão os canais de divulgação.
5. **DINHEIRO:** quais serão os recursos-chave necessários.
6. **MENSURAÇÃO:** como será calculado o impacto da estratégia.

Vamos verificar como dar cada um desses passos para implantar uma estratégia de *marketing* de conteúdo efetiva.

MERCADO: COMO IDENTIFICAR O CLIENTE-ALVO

Para compreender o processo de compra de seus clientes, é preciso primeiramente saber quem eles são. Para isso, o conceito de *buyer persona* pode ser bastante útil. *Buyer personas* são personagens ou representações fictícias de clientes de empresas. Esses arquétipos ajudam muito a empresa a aproximar-se do mercado consumidor-alvo e a direcionar melhor a comunicação com ele. O desenvolvimento de *buyer personas* ocorre a partir de dados de pesquisas de perfil de público e entrevistas com clientes reais, que buscam traçar o ponto de vista do consumidor final sobre:

- a dor real, a curiosidade, o problema ou a necessidade que o cliente identificou;

- o trajeto que o cliente percorreu até levantar possíveis soluções; e

- a decisão do cliente por consumir o produto ou o serviço de sua empresa.

Essas três etapas podem se ramificar em muitas outras – tudo depende da complexidade do problema identificado, do mercado em que a empresa está inserida e do próprio público-alvo, claro. Conhecer o caminho percorrido pelo cliente (também chamado de jornada do cliente) é fundamental para o sucesso do *marketing* de conteúdo. São as informações relativas a esse caminho que fomentarão a criação de conteúdos curiosos, educativos e realmente úteis, capazes de atrair o público e transformar visitantes em clientes.

Para criar os perfis representativos de seu consumidor, você deve fazer pesquisas e entrevistas, visando aproximar-se do consumidor real e entender como ele é. Como fazer isso? O que perguntar? Para quem?

Você vai precisar de uma boa amostra qualitativa. Portanto, escolha seus clientes-modelo, aqueles que sua empresa gostaria de replicar com todas as características, se fosse possível! Contudo, tome um cuidado extra: procure o cliente médio, aquele que você observa ser representativo da maior parte de seus consumidores. Clientes *early adopters*, aqueles que adotam sua solução com extrema facilidade e muito rapidamente, podem parecer um sonho, mas são apenas uma pequena (embora importante) parte dos clientes a quem seu produto ou serviço se destina. Comece com uma amostra significativa, mas enxuta. Apenas um cliente não será suficiente, porém, mais de dez poderá tornar o processo de compilação de dados trabalhoso.

No momento de conduzir as entrevistas, faça perguntas amplas e aguarde as respostas. Entrevistas "cara a cara" são mais ricas; você perceberá *nuances* de comportamento pelos gestos e por outras expressões não verbais. O silêncio contém informações importantes. Pode ser que o cliente responda com "não entendi", o que dirá muito sobre sua compreensão (ou sua falta de compreensão) sobre o problema e sua solução. Procure não ir sozinho para a entrevista; assim, um colega pode fazer anotações e você pode prestar atenção à conversa em si. Uma dica dos bons repórteres: comece pelas perguntas mais fáceis e deixe as mais difíceis ou polêmicas para o final.

Na prática, você precisará levantar dados sobre os aspectos listados a seguir.

DADOS GERAIS: investigar local de origem, idade, gênero, estado civil, formação e profissão.

ATIVIDADES DIÁRIAS: criar um diário resumido, com uma espécie de roteiro de "um dia na vida de...".

VALORES E OBJETIVOS DE VIDA: perguntar o que move essa pessoa, o que a motiva.

O PROBLEMA QUE ENFRENTA/ENFRENTOU: questionar sobre como o descobriu, como o solucionava à época, o que achava antes sobre ele (percepção inicial) e o que pensa hoje a respeito. Não custa lembrar: o problema precisa ter relação com o que seu produto ou serviço ajuda a resolver.

PASSO A PASSO QUE PERCORREU ATÉ ENCONTRAR A SOLUÇÃO: verificar quais resultados e experiências busca obter com ela.

FONTES DE INFORMAÇÃO ÀS QUAIS RECORRE NO DIA A DIA: checar, também, que tipo de informações ainda não encontra, mas gostaria de encontrar.

PAPEL NO PROCESSO DE COMPRA: compreender se é decisor, influenciador ou usuário. Se for um dos últimos dois, levantar informações sobre quem é o decisor e como é a relação entre eles.

IMPEDITIVOS E OBSTÁCULOS: determinar o que teve que superar para solucionar o problema ou para adquirir soluções semelhantes.

Para compilar as informações, use um *template* como o Mapa da Empatia (200?), por exemplo, ou registre em uma planilha (CONTENTOOLS, 200?) os pontos em comum entre todas as respostas. O objetivo é compor um personagem que pareça quase de carne e osso. Para ajudar, dê um nome a ele e insira uma foto e uma frase que a persona diria. Importante: considere, a partir desse momento, os gostos, os problemas e as percepções dessa *buyer persona* sempre que tomar decisões sobre o *marketing* de conteúdo.

MISSÃO: OBJETIVOS QUE O CONTEÚDO AJUDA A ATINGIR

O conteúdo corporativo conversa com as áreas estratégicas dentro da empresa. Ou seja, é preciso entender e levar em conta os objetivos de *marketing*, vendas, suporte e do negócio em si; só assim seu conteúdo vai trazer o resultado esperado. Alguns dos objetivos mais comuns às empresas que investem em *marketing* de conteúdo serão listados a seguir. Ao determinar um objetivo, é fundamental atrelar a ele um resultado (*key performance indicator* [KPI]; em português, indicador-chave de desempenho) e a data em que ele deve ser atingido.

CONSTRUIR PERCEPÇÃO DE MARCA E AUTORIDADE NO TEMA: para muitas empresas, esta é a principal meta com o *marketing* de conteúdo. Por ser orgânico e autêntico, este objetivo é uma ótima maneira de começar a criar envolvimento do público com sua marca. Também é algo que não se alcança da noite para o dia. Portanto, trata-se de um objetivo de longo prazo. Por outro lado, criar conteúdo útil, interessante e valioso leva o público não só a descobrir seu produto, mas também a confiar em sua empresa. O consumidor em potencial pode perceber o quanto você conhece o tema no qual trabalha e que sua empresa tem autoridade no setor em que atua. Além disso, ele pode ter uma visão sobre a personalidade da empresa, sobre como vocês se colocam no mercado. Assim, ele verifica se essa visão combina com a dele a ponto de fazê-lo querer se aproximar mais e adquirir seus produtos ou contratar seus serviços. **Exemplo de objetivo de percepção de marca:** "estar entre as três primeiras empresas na pesquisa Top of Mind do nosso setor até o final de 2016".

MELHORAR RANQUEAMENTO NAS FERRAMENTAS DE BUSCA: muitas empresas que geram conteúdo têm este como o primeiro objetivo. Contudo, é preciso um pouco de perspectiva nesta questão – e, de novo, voltamos à importância de pensar na audiência em primeiro lugar. Os motores de busca darão valor a seu conteúdo a partir do momento em que os leitores o considerarem valioso. **Exemplo de objetivo de ranqueamento:** "constar na primeira página de resultados em buscas sobre [insira palavra-chave] até março de 2016".

CONVERTER LEADS: *leads* são contatos qualificados de pessoas que procuram determinada empresa com interesse em algum produto ou serviço. Conteúdo de qualidade, compartilhado pelos canais de divulgação e pelas redes sociais, é o meio para encontrar mais e mais *leads* em potencial para sua empresa e levá-los a conhecer tudo o que vocês têm a oferecer. Se o material oferecido for de fato útil para quem o estiver buscando, essa pessoa estará propensa a fornecer informação sobre si mesma (nome, *e-mail*, empresa em que trabalha) em troca de receber gratuitamente um *e-book*, assistir a um vídeo, registrar-se para um seminário *on-line* (*web*inar) ou assinar uma *newsletter*. **Exemplo de objetivo de conversão de leads:** "distribuir novos materiais todas as semanas para converter 500 contatos/mês em novembro de 2015".

ADQUIRIR CLIENTES: para atingir este objetivo, o conteúdo já é velho conhecido dos gestores de *marketing* e das equipes de vendas. Há tempos as empresas enviam para seus clientes em potencial aqueles materiais que provam como determinado produto ou serviço que está em vias de ser adquirido poderá solucionar o problema dos clientes. Esse tipo de material vai desde a seção de depoimentos no *site*, com frases de clientes de carteira, até os textos que os vendedores anexam às propostas comerciais para convencer de que aquela solução atenderá às necessidades do futuro cliente. O conteúdo pode lidar com possíveis objeções e superar obstáculos de compra. Por exemplo, o preço é seu calcanhar de Aquiles? Ofereça conteúdo mostrando como a implementação de suas soluções ajudará o cliente a economizar no longo prazo. Seus clientes acham que o produto vai ser muito complicado de usar? Ofereça conteúdo que mostre como ir de zero a cem no mínimo tempo possível. **Exemplo de objetivo de aquisição de clientes:** "adquirir 10 novos clientes no mês de novembro de 2015".

OFERECER SUPORTE E ATENDIMENTO AO CLIENTE: isto vai muito além do manual de uso e do FAQ do *site*. O conteúdo voltado às melhores práticas de como usar seu produto ou serviço tenta informar o cliente antes mesmo que ele se questione e abra um *ticket* de suporte ou ligue para a central de atendimento. Com vídeos, infográficos, ferramentas e outros conteúdos úteis, o cliente pode tirar o máximo proveito do que a empresa oferece. Vale pensar também em maneiras inovadoras e casos de sucesso de uso dos produtos ou serviços – depoimentos e exemplos que possam inspirar os novos clientes. **Exemplo de objetivo de atendimento ao cliente:** "reduzir o número de chamados de suporte de clientes em 30% nos próximos três meses".

RETER E FIDELIZAR CLIENTES: neste caso, o objetivo final é transformar um cliente em alguém apaixonado pela empresa, que lê, ouve, segue e compartilha suas histórias com sua própria rede. São muitas as opções. Você pode, por exemplo, produzir *newsletters*, boletins ou revistas impressas. Outra ideia é organizar eventos presenciais ou *webinars* com conteúdo exclusivo para quem já é cliente. Ter uma sólida base de referência e repetição de negócios é a marca de um grande negócio. Mesmo que você nunca faça *marketing* de conteúdo para o público geral e foque apenas seus clientes, ainda assim você estará melhorando seu negócio substancialmente. **Exemplo de objetivo de fidelização:** "ampliar para 70 a nota da empresa na pesquisa Net Promoter Score (NPS) no quarto trimestre de 2015".

CONQUISTAR UMA AUDIÊNCIA APAIXONADA: este é o cume do Aconcágua do *marketing* de conteúdo. É quando o *marketing* de conteúdo começa a trabalhar a seu favor de forma exponencial. O conteúdo – e, especialmente, o conteúdo compartilhado por clientes satisfeitos – é uma das formas mais poderosas de chegar a qualquer objetivo de negócio. Seu objetivo final também pode ser criar uma comunidade de embaixadores preparados para lutar por sua marca! **Exemplo de objetivo de audiência:** "alcançar a marca de 10 mil assinantes da *newsletter* até junho de 2016".

MENSAGEM: A JORNADA DO CLIENTE E O FUNIL DO *MARKETING*

Os profissionais que atuam com *marketing* de conteúdo têm um objetivo em comum: **entregar o conteúdo certo, para a pessoa certa, no momento certo.** Como identificar o *timing* desse processo? O passo inicial é conhecer o ciclo da persona, os estágios pelos quais seus clientes-alvo passam desde que sentem despertar o interesse até o momento de fecharem negócio. Depois, o desafio é alinhar o conteúdo às necessidades que a persona tem a cada fase do funil do *marketing*. Para isso, é útil fazer uma análise do perfil de compra e comportamento de consumo do cliente-alvo. Há muitos modelos possíveis, mas um dos mais interessantes considera três fases principais:

1. FASE COGNITIVA → 2. FASE AFETIVA → 3. FASE COMPORTAMENTAL

Se desenvolvermos essas fases a partir do ponto de vista do cliente, teremos um modelo simples de jornada de compra:

1. DESCONHECE A EMPRESA/O PRODUTO
↓
2. PASSA A CONHECER E QUER ENTENDER, EXPLORAR OPÇÕES
↓
3. DESENVOLVE PREFERÊNCIA E QUER COMPRAR

A jornada de compra, quando verticalizada, dá origem ao chamado funil do *marketing*, conforme a Figura 5.3.

Do ponto de vista da empresa e do departamento de *marketing*, cada nível do funil representa um grupo de pessoas, de acordo com a Figura 5.4.

O primeiro grupo, aquele que ainda desconhece a empresa, é formado pelos chamados *suspects*, aqueles visitantes ou seguidores que, no momento inicial, representam apenas um número de acessos em seu relatório. O segundo

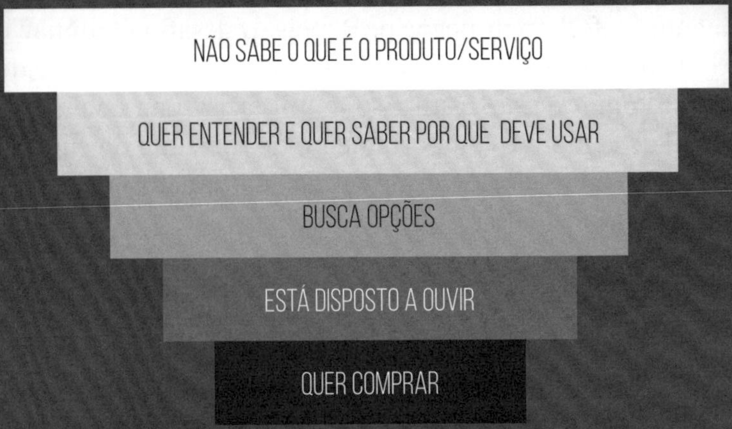

```
┌─────────────────────────────────────────────┐
│      NÃO SABE O QUE É O PRODUTO/SERVIÇO     │
└─────────────────────────────────────────────┘
   ┌───────────────────────────────────────┐
   │ QUER ENTENDER E QUER SABER POR QUE DEVE USAR │
   └───────────────────────────────────────┘
        ┌─────────────────────────┐
        │      BUSCA OPÇÕES       │
        └─────────────────────────┘
          ┌─────────────────────┐
          │  ESTÁ DISPOSTO A OUVIR │
          └─────────────────────┘
             ┌───────────────┐
             │  QUER COMPRAR │
             └───────────────┘
```

Figura 5.3 – Funil do *marketing*.

```
┌─────────────────────────────┐
│        XXX ACESSOS          │
└─────────────────────────────┘
    ┌─────────────────────┐
    │      XXX LEADS      │
    └─────────────────────┘
      ┌───────────────┐
      │ XXX OPORTUNIDADES │
      └───────────────┘
         ┌──────────┐
         │ XXX CLIENTES │
         └──────────┘
```

Figura 5.4 – Funil do *marketing*: grupos de pessoas.

grupo é formado pelos *leads*, pessoas que deixam de ser simples curiosas sobre o tema, querem aprender mais, conhecer e estão dispostas a deixar seus contatos para receber mais informações a respeito. O terceiro grupo é formado por *leads* que já estão em fase mais avançada na jornada de compra: buscam saber das opções do mercado e estão dispostos a ouvir. São aqueles *leads* que entrarão em contato com a empresa espontaneamente ou responderão a uma oferta de forma positiva, querendo saber mais. A área de vendas os chama de oportunidades. Por último, o quarto grupo é formado pelas oportunidades que estavam no momento certo de compra e aceitaram a proposta feita pelo departamento comercial. São os novos clientes da empresa!

Que tipo de conteúdo devemos oferecer para que esse movimento, do topo ao fundo do funil, ocorra de forma fluida? Vamos conferir que tipos de informação e quais materiais se encaixam em cada uma dessas fases.

Conteúdo para o topo do funil

Acabamos de ver que um *suspect* é qualquer pessoa que se encaixe nos critérios de seu mercado, mas que ainda não tenha fornecido nenhuma informação para acessar seu conteúdo. Essas são as pessoas que podem vir a interessar-se em comprar seus produtos em algum momento ou podem ter se deparado com o conteúdo em razão de uma curiosidade geral, sem necessariamente ter relação com uma compra. O conteúdo de topo de funil é aquele que ajuda a trazer tráfego ao *site* e assinaturas que geram um primeiro *mailing*.

QUADRO 5.1 INFORMAÇÕES E TIPOS DE CONTEÚDO DE TOPO DO FUNIL

INFORMAÇÕES	TIPOS DE CONTEÚDO
Suspects estão à procura de empresas que compartilham o que sabem e que não falam só sobre o que vendem. Assim, o objetivo do *marketing* de conteúdo nesta fase é gerar interesse o suficiente para motivar compartilhamentos e fazer o conteúdo ir de uma pessoa para outra. Quanto mais pessoas forem atingidas pelo conteúdo, maiores serão as chances de transformar *suspects* em *prospects* ou *leads*.	O *blog* corporativo deve ser o ponto de concentração do conteúdo nesta fase. Alguns formatos que funcionam bem para o topo de funil incluem infográficos, vídeos, *slides* de apresentações e *posts* em formato de listas (p. ex., "10 tipos de conteúdo para atrair clientes").

Conteúdo para o meio do funil

Quando os consumidores em seu mercado fornecem ativamente informações pessoais em troca de mais conteúdo, eles se tornam *prospects*. Este grupo inclui os consumidores que têm feito buscas *on-line* para obter informações sobre os assuntos que são relevantes para seu negócio, mas que podem não estar ativamente engajados no processo de compra no momento.

Os *prospects* que se encaixem no perfil do consumidor e demonstrem intenção de compra são chamados de *leads*. Nesta fase, você sabe que o consumidor tem um interesse, e seu uso do conteúdo pode ajudar a determinar se ele está pronto para fazer negócio.

QUADRO 5.2 INFORMAÇÕES E TIPOS DE CONTEÚDO DE MEIO DO FUNIL

INFORMAÇÕES	TIPOS DE CONTEÚDO
O conteúdo para o meio do funil tem mais profundidade, fornece educação relacionada a seu setor e resolve problemas reais de seus clientes. Este conteúdo demonstra sua visão e experiência e conquista a confiança de seus clientes em potencial. O objetivo nesta fase é coletar informações sobre as pessoas que ainda não tenham estabelecido uma relação com sua empresa e reunir mais informações das que já tiverem. É um bom momento para começar a usar *landing pages* (páginas de aterrissagem) como porta de entrada para seu conteúdo.	Eventos (presenciais e *on-line*), materiais educativos, *e-mails* personalizados e *newsletters* costumam trazer bons resultados nesta fase. Nas *landing pages*, oferecer *e-books*, guias e *webinars* são ótimas opções.

Conteúdo para o fundo do funil

Quando seu conteúdo ajudar a colocar o departamento comercial em contato com um *lead* que represente sua persona e esteja interessado em fazer negócio, você terá criado uma oportunidade. Feito isso, cabe ao vendedor ajudar o cliente em potencial a tomar uma decisão com a qual ele fique satisfeito.

QUADRO 5.3 INFORMAÇÕES E TIPOS DE CONTEÚDO DE FUNDO DO FUNIL

INFORMAÇÕES	TIPOS DE CONTEÚDO
Entram aqui informações claras e transparentes sobre preços e qualquer conteúdo que possa ajudar o comprador até o fechamento do negócio.	Planilhas e tabelas de preço, calculadora de *return over investment* (ROI; em português, retorno sobre investimento) e casos de sucesso aplicados à indústria do interessado ajudam na tomada de decisão.

VALE LEMBRAR: a cópia parcial ou completa de conteúdos pode fazer o *site* de sua empresa ser penalizado pelas ferramentas de busca. Publique apenas conteúdo 100% original.

MÍDIA: OS CANAIS DE DIVULGAÇÃO

Definir e produzir conteúdo com base nos interesses, nas dúvidas e nos anseios que o cliente-alvo enfrenta nas principais fases da jornada de compra é apenas a primeira etapa da rotina envolvida no *marketing* de conteúdo. Uma estratégia de conteúdo efetiva também passa pela definição dos canais de divulgação – ou seja, os meios pelos quais o conteúdo chegará até os visitantes, *leads* e clientes em potencial. A divulgação do conteúdo costuma ocorrer por três tipos de canais: mídia própria, mídia ganha e mídia paga.

Canais próprios

O lugar para começar a divulgação de seu conteúdo digital são os canais de mídia de propriedade da sua empresa, como o próprio *blog* ou *site*. Ao publicar artigos e criar *landing pages* com materiais ricos, o domínio (endereço do *site*) da empresa ganha reputação perante as ferramentas de busca. Como consequência, os buscadores passam a ser um importante canal de divulgação do conteúdo, por trazerem visitantes organicamente.

Outro importante canal de divulgação próprio (e um ativo da empresa) são as listas de *e-mails*. Criar conteúdo de forma recorrente é um modo de ampliar continuamente essas listas. Algumas empresas diferenciam os contatos pelo perfil: o tamanho da empresa em que atuam, a área em que trabalham ou mesmo o produto/serviço no qual estariam interessados. Faz sentido – afinal, uma pessoa em função executiva requer um conteúdo diferente em relação a alguém em cargo mais operacional. Para o primeiro, fará sentido material que ajude no planejamento, na estratégia e na gestão. Para o segundo, tutoriais ou *posts* de passo a passo que ajudem a "fazer", a resolver as questões do dia a dia podem ser bastante ricos. De fato, o que ressoa em um público não necessariamente tem aderência em outro. Portanto, ao divulgar conteúdo por *e-mail*, é preciso direcionar os materiais para as listas de interesse[2].

Os canais próprios também incluem as propriedades da marca, como as contas em redes sociais. Twitter, Facebook, LinkedIn, Google+, Pinterest e outras redes costumam ser os destinos dos profissionais de *marketing* a cada conteúdo publicado. O impulso é querer usar ao máximo esses canais, atingindo tantas pessoas quanto possível. Embora seja natural querer compartilhar conteúdo no maior número de locais, vale a pena fazer alguns testes e pesquisas em primeiro lugar, para checar onde está o maior potencial para a distribuição e atrair tráfego realmente qualificado.

Canais ganhos

Conquistar espaço em canais externos para distribuição gratuita de seu conteúdo (seja cobertura de mídia, espaço em portais ou redes sociais de parceiros) é provavelmente o meio de promoção mais difícil de alcançar, uma vez que depende do interesse de terceiros. Entretanto, o esforço costuma recompensar, afinal, canais com público complementar têm potencial para aumentar exponencialmente o alcance e o engajamento de seus materiais, sem ampliar significativamente seus custos.

---

2   Veja em detalhes como fazer essa segmentação e utilizar listas de *leads* no Capítulo 8.

Naturalmente, a chave para o sucesso é criar conteúdo profundo o suficiente a ponto de atrair a atenção e o interesse de outros canais do mercado. Contudo, a menos que você tenha muita sorte (ou trabalhe para uma marca amplamente reconhecida), esses parceiros em potencial não encontrarão seu conteúdo sem algum esforço de sua parte. Você precisará, portanto, planejar formas de conquistar a atenção de pessoas influentes em seu setor.

O primeiro passo é criar listas de possíveis influenciadores (portais, *blogs*, profissionais e empresas com perfis movimentados nas redes sociais). Classifique-os por métricas-chave, como tipo e tamanho da audiência, PageRank, fluxo de *links* e citações externos, influência das publicações (volume de compartilhamentos). Você pode encontrar esses dados em pesquisas no Google, no Twitter e no LinkedIn ou usando ferramentas como Majestic e Followerwonk. Ao analisar o desempenho social do conteúdo dos *sites* listados – como compartilhamentos, menções, comentários –, você consegue entender melhor o que o público-alvo considera interessante.

O próximo passo é agrupar temas de materiais que você possa fornecer e que tenham alto potencial de se tornarem populares. Portais, *sites* de notícia e *blogs* com alto volume de acessos costumam priorizar conteúdos mais densos em dados, principalmente pesquisas feitas a partir de dados próprios da empresa.

Publique a pesquisa na íntegra, em formato de *white paper*, *e-book*, infográfico ou relatório, em uma página ou *landing page* de sua empresa. Em seguida, entre em contato com os influenciadores que você escolheu a partir da lista, fornecendo:

- informações sobre o que a pesquisa ou as entrevistas identificaram;

- argumentação de por que isso é relevante;

- o *link* de acesso ao material na íntegra;

- gráficos, números ou citações que resumam os resultados;

- informações acerca do método de pesquisa (como os dados foram coletados);

- um histórico da empresa e seus contatos.

Esse passo a passo pode ser usado sempre que a empresa desenvolver materiais próprios com mais profundidade ou artigos de interesse do mercado.

Outra forma de atrair a atenção desses influenciadores é criar conteúdo que contenha citações deles (podem ser entrevistas, *tweets* ou comentários feitos publicamente). Uma vez publicado o material no *site* ou no *blog* da empresa, você pode entrar em contato com eles, compartilhando o *link* e agradecendo a participação. Muitos influenciadores optam por compartilhar com seus seguidores conteúdos para os quais tenham contribuído de alguma forma.

Canais pagos

De acordo com o Content Marketing Institute, anúncios *on--line* são rejeitados 99% das vezes (CONTENT MARKETING INSTITUTE, 2014). Ainda assim, os canais pagos surgem como um atalho na fase inicial de atração de tráfego, até que o *marketing* de conteúdo comece a oferecer os resultados tão esperados. Galgar posições nos resultados orgânicos dos buscadores exige paciência e aplicação frequente de táticas de otimização e geração de conteúdo digital. Alguns *sites* levam vários dias ou até semanas para serem indexados.

Ao configurar uma campanha de *links* patrocinados no Google Adwords ou no Facebook Ads, por exemplo, é possível começar a receber tráfego qualificado imediatamente. No caso do Google Adwords, o *link* do conteúdo aparece em um anúncio no topo ou na lateral da página sempre que alguém fizer a busca usando palavras-chave relacionadas à campanha. No caso do Facebook Ads, o anúncio do conteúdo pode aparecer também na lateral de página ou dentro do *feed* de notícias, tanto para usuários *desktop* quanto *mobile*.

Publicações orgânicas no Facebook (sem custo) não atingem todos os seguidores de uma *fanpage*. Por meio de anúncios, é possível alcançar todos os seguidores da página de sua empresa, angariar mais seguidores e, também, anunciar para seguidores de páginas semelhantes. Ainda é possível selecionar quem verá seu conteúdo, usando critérios como idade, gênero, grau de instrução, *status* de relacionamento, idioma, interesses e outros. O custo dos anúncios é preestabelecido.

A exemplo do Facebook, outras redes sociais vêm crescendo em estratégias de divulgação pagas. Youtube, Instagram, Twitter, Pinterest e Snapchat também promovem conteúdos a partir de anúncios para suas bases de usuários.

DINHEIRO: QUANTO INVESTIR

Os recursos a investir em uma estratégia de *marketing* de conteúdo variam em função:

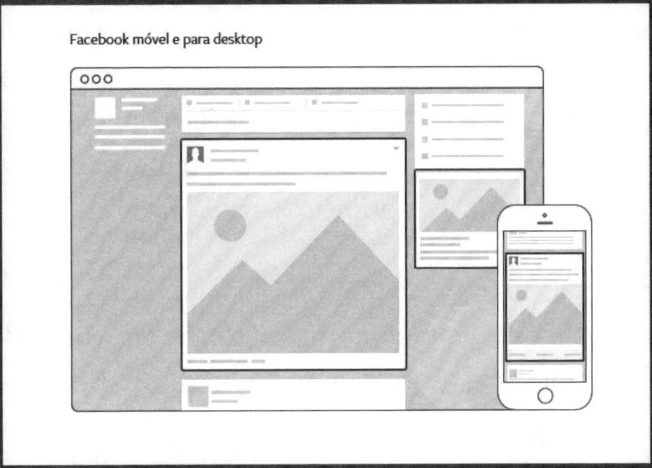

Figura 5.5 – Localizações do anúncio do conteúdo no Facebook Ads.
Fonte: Facebook for business (c2015).

- do tamanho e da diversidade de público (quanto menor o público, mais barato o alcance a todos);

- da natureza da mensagem (quanto mais simples a mensagem, menor o custo de produção);

- do volume de concorrência (quanto menos ocupado o espaço, menor o custo para conseguir destacar-se).

O ROI é o parâmetro resultante da aplicação de recursos em determinada área. Em outras palavras, é o valor que determina se o capital investido realmente está gerando lucro ou está gerando prejuízo. No caso do *marketing* de conteúdo, é natural que o resultado final seja crescente, porém baixo (ou até inexistente) nos primeiros meses da estratégia.

De acordo com o estudo State of Inbound (2015), 82% dos profissionais de *marketing* que apostam em conteúdo e *blogs* corporativos observam um ROI positivo. Numa escala natural, ele cresce de forma exponencial à medida que os esforços seguem uma rotina de publicação, divulgação e acompanhamento.

Como se calcula esse ROI? A equação deve levar em conta a manutenção da plataforma que recebe o conteúdo (*site*, *blog* corporativo), os investimentos em divulgação (pelos canais pagos), o *software* de gestão de conteúdo, os recursos destinados ao time de produção de conteúdo (redatores internos e externos), as ferramentas de mensuração e análise, entre outros investimentos. Do outro lado, são inseridos os dados de crescimento das vendas. O cálculo pode ser feito em uma tabela simples como a do exemplo da Tabela 5.1.

TABELA 5.1 Exemplo de tabela para o cálculo do ROI

INVESTIMENTOS/MÊS		RESULTADOS	
Manutenção do *blog*	R$ 20	# Acessos	10 mil
Conteúdo (produção e divulgação)	R$ 4.200	% conversão (vendas)	0,5%
Plataforma de gestão de conteúdo	R$ 300	# Novos clientes	50
Software de mensuração	R$ 700	*Ticket* médio/venda	R$ 700
Total investido	R$ 5.220	Receita adicional	R$ 35.000

No exemplo, o retorno é de aproximadamente 6,5 vezes – ou seja, cada investimento de R$ 5.220 na produção de conteúdo representa 6,5 vezes mais receita ao fim do período. Quanto mais os investimentos e a estratégia escalam, maior se torna o ROI com o passar do tempo.

MENSURAÇÃO: KPIS PARA O *MARKETING* DE CONTEÚDO

O sucesso das estratégias de conteúdo reside na qualidade da execução, na disciplina das publicações e no controle das métricas. Somente quem segue essa tríade consegue continuamente melhorar seus resultados no *marketing* de conteúdo. Para descobrir como anda a *performance* de seu conteúdo, há três perguntas básicas que podem ser feitas:

- O *marketing* de conteúdo está ajudando a trazer novos clientes?

- Estamos economizando (com *marketing* pago, suporte a clientes ou comercial)?

- O conteúdo ajuda a reter clientes?

É preciso saber o que medir para descobrir as respostas, mas nem sempre é fácil estabelecer as métricas que realmente importam. O que vale mesmo é lembrar que precisamos comunicar os resultados, e não as atividades. Muitas vezes, os analistas de *marketing* se veem apegados a relatórios repletos de métricas de vaidade. É bom conhecer o número de visitas, mas observá-lo não vai dizer muito sobre como o conteúdo está afetando o faturamento da empresa.

Cada novo artigo, *e-book*, *white paper*, *webinar*, vídeo ou *podcast* pode gerar informações importantíssimas para a empresa, ajudando a criar os próximos conteúdos, a iniciar relacionamentos com clientes em potencial e a alcançar os objetivos com *marketing* digital.

As métricas de *marketing* de conteúdo podem ser divididas em: de acesso, de engajamento, de relacionamento e de conversão. Conheça, a seguir, cada uma delas.

Métricas de acesso

Visitantes únicos: saber quem é o público-alvo é fundamental para conseguir criar um conteúdo atrativo e que gere resultados, mas saber como pensa cada um dos visitantes é impossível. Por isso, a mensuração de visitantes ajuda a definir melhor aquilo de que o conjunto de sua audiência gosta mais.

Local de origem: um *site* tem alcance mundial ou, no mínimo, atinge todos os falantes do idioma ao redor do mundo. Por isso, é muito importante focar o conteúdo na região em que seu público-alvo se encontra.

Principais *links* de origem: por meio destes *links*, é possível encontrar e identificar o que está chamando a atenção do público-alvo, além de construir aos poucos uma rede de parceiros interessados que poderão ajudar na divulgação de seu conteúdo.

Métricas de engajamento

Tempo médio de permanência: a permanência do visitante em um *site* é um bom indicador de qualidade. Se as estatísticas mostram saídas rápidas, é sinal de que algo está errado. Para tentar aumentar o tempo de permanência, melhore os temas, com foco nas dúvidas de sua audiência, repense as palavras-chave e crie *links* internos para seus conteúdos anteriores.

Mapas de calor e padrão de cliques: estas são métricas que mostram quais pontos da página estão causando mais interesse no público. Elas podem ser obtidas por ferramentas de uso específico.

Páginas visitadas: quantidade não é qualidade. Ter um número alto de visitantes e uma taxa baixa de permanência significa que os visitantes estão entrando em sua página à procura de uma informação e não a estão encontrando. Para evitar esse problema, não coloque palavras-chave sem sentido no texto e descreva o que será dito na introdução. Observe, também, se os conteúdos que mais geram visitas são mesmo os que geram número de *leads*. Pode ser que o conteúdo que mais provoque repercussão (que é importante) não seja necessariamente o que mais traga conversão.

Métricas de relacionamento

Comentários no *blog* e nas redes sociais: os comentários no *blog* ajudam a ter novas ideias para a criação de conteúdo. Os visitantes também trocam conhecimento, fazem perguntas, criam um relacionamento real com a empresa. Tente sempre estimular, de maneira discreta, o comentário do leitor.

Métricas de conversão

Número de novos *leads*, oportunidades e clientes: conseguir que um visitante se inscreva para receber a *newsletter* já é uma vitória, mas é preciso medir os resultados, por indicadores como: quantos artigos foram lidos antes da inscrição, por onde ele se inscreveu, em que estágio de compra está, quais são conteúdos que ainda precisam ser fornecidos para aproximar o relacionamento e converter a venda.

MARKETING DE CONTEÚDO SIGNIFICA COMPARTILHAR SEU CONHECIMENTO EM BUSCA DE RESULTADOS PARA SUA EMPRESA.

CASE 1
PIONEIRISMO NO USO DE INFOGRÁFICOS (MINT)

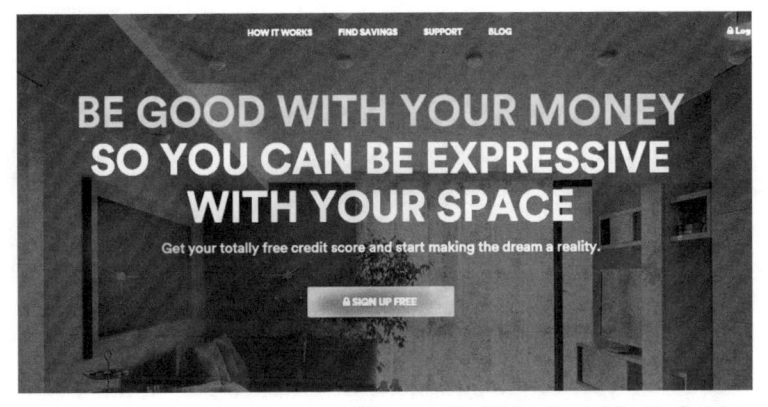

Figura 5.6 – Página inicial do *site* da Mint.
Fonte: Intuit Mint (2015).

A norte-americana Mint.com foi criada em 2006 como uma ferramenta *on-line* de gestão de finanças pessoais. A empresa foi uma das primeiras a usar infográficos (INTUIT MINT, 200?) para atrair tráfego em larga escala. A estratégia de aquisição de clientes foi centrada em *marketing* de conteúdo para educação de mercado, desde o princípio.

O *blog* da empresa, com artigos, *slides*, vídeos e, claro, infográficos, foi responsável por atrair os 100 mil primeiros usuários em 2007. Em 2009, quando a empresa foi vendida por 170 milhões de dólares para a Intuit, empresa norte-americana de *software*, já tinha mais de 2 milhões de usuários.

CASE 2
RÁPIDO CRESCIMENTO COM *MARKETING* DE CONTEÚDO (CONTENTOOLS)

A Contentools lançou, no fim de 2013, a primeira versão de sua plataforma de gestão de *marketing* de conteúdo. Na época com 30 clientes e cinco pessoas no time, a empresa focou a estratégia de aquisição de clientes por canais orgânicos, como o *blog* (CONTENTOOLS, 2015), a academia de conteúdo (uma biblioteca de *e-books*, *web*inars e outros materiais ricos), além de ferramentas gratuitas. Parcerias na divulgação de materiais com outras empresas ajudaram a acelerar a conversão de *leads* em um momento inicial.

Em um ano, a Contentools cresceu 1.000% e multiplicou em 20 vezes o volume de *leads* gerados por mês.

Figura 5.7 – Página inicial do *site* da Contentools.
Fonte: Contentools (2015).

REFERÊNCIAS

ACQUITY GROUP. *The internet of things*: the future of consumer adoption. [S.l.]: Acquity Group, 2014. Disponível em: <http://quantifiedself.com/docs/acquitygroup-2014.pdf>. Acesso em: 21 nov. 2015.

BERNERS-LEE, T. *Information management*: a proposal. [S.l.: s.n.], 1990. Disponível em: <http://www.w3.org/History/1989/proposal.html>. Acesso em: 21 nov. 2015.

CONTENT MARKETING INSTITUTE. *B2B content marketing 2014*: benchmarks, budgets, and trends – North America. [S.l.]: Content Marketing Institute, 2014. Disponível em: <http://contentmarketinginstitute.com/wp-content/uploads/2013/10/B2B_Research_2014_CMI.pdf>. Acesso em: 21 nov. 2015.

CONTENTOOLS. *Crie sua estratégia de conteúdo com nossa planilha exclusive*. Florianópolis: Contentools, [200?]. Disponível em: <http://pages.contentools.com.br/planilha-estrategia-de-conteudo>. Acesso em: 21 novo. 2015.

CONTENTOOLS. *Ferramenta gratuita*: crie seu calendário de conteúdo 2015. Florianópolis: Contentools, 2015a. Disponível em: <http://contentools.com.br/marketing-de-conteudo/calendario-de-conteudo/>. Acesso em: 23 nov. 2015.

CONTENTOOLS. *Site*. Florianópolis: Contentools, 2015b. Disponível em: <www.contentools.com.br/blog>. Acesso em: 21 nov. 2015.

DOLAN, R. J. *Integrated marketing communications*. Harvard Business School Background Note 599-087, February 1999.

FACEBOOK FOR BUSINESS. *Facebook Ad Basics*. [S. l.: s. n], c2015. Disponível em: <https://www.facebook.com/business/learn/facebook-ads-basics/>. Acesso em: 27 nov. 2015.

FACEBOOK para empresas. *Site*. [S. l.: s.n], c2015. Disponível em: < https://pt-br.facebook.com/business/products/ads>. Acesso em: 23 nov. 2015.

FUZZATO, M. *7 razões para terceirizar seu marketing*. [S. l.]: 2getmarketing2go, 2015. Disponível em: <http://www.automacaodemarketing.com.br/operacao-de-marketing-2/7-razoes-para-terceirizar-seu-marketing/>. Acesso em: 21 nov. 2015.

GATES, B. *Content is king*. [S.l.: s.n.], 1996. Disponível em: <http://web.archive.org/web/20010126005200/http://www.microsoft.com/billgates/columns/1996essay/essay960103.asp>. Acesso em: 21 nov. 2015.

INTERNET LIVE STATS. *Total number of Websites*. [S.l.]: Internet Live Stats, [200?]. Disponível em: <http://www.internetlivestats.com/total-number-of-websites/>. Acesso em: 21 nov. 2015.

INTUIT MINT. *Site*. [S.l.]: Intuit, 2015. Disponível em: <https://www.mint.com/>. Acesso em: 21 nov. 2015.

INTUIT MINT. *What is an ETF?* [S.l.]: Intuit, [200?]. Disponível em: <https://www.mint.com/>. Acesso em: 21 nov. 2015.

MAPA da empatia. [S.l.: s.n., 200?]. Disponível em: <http://4.bp.blogspot.com/-Y3qmf3CfHH4/UkLEET0w6CI/AAAAAAAAGmM/ZZbPp9dpElc/s1600/Mapa-da-empatia.png>. Acesso em: 21 nov. 2015.

MICHELIN. *Michelin travel*: discover the world. [S.l.]: Michelin, 2013. Disponível em: <http://travel.michelin.com/>. Acesso em: 21 nov. 2015.

STATE OF INBOUND. *Hubspot's 7th annual report on inbound marketing and selling*. [S.l.: s.n.], 2015. Disponível em: <http://www.stateofinbound.com/>. Acesso em: 21 nov. 2015.

THE FURROW. *Site*. [S.l.]: Deere & Company, 2015. Disponível em: <http://www.deere.com/en_US/industry/agriculture/our_offerings/furrow/furrow.page>. Acesso em: 21 nov. 2015.

WORLD Wide Web. [S.l.: s.n., 200?]. Disponível em: <http://info.cern.ch/hypertext/WWW/TheProject.html>. Acesso em: 21 nov. 2015.

CAPÍTULO 06
COMO ESCALAR SEU NEGÓCIO USANDO *COMARKETING*

EMILIA CHAGAS
CONTENTOOLS

UM MAIS UM, MAIS QUE DOIS

Comarketing é uma forma de *marketing* de relacionamento. Ele permite que empresas trabalhem juntas em uma campanha, geralmente a partir de uma peça de conteúdo, em direção a objetivos mutuamente benéficos. Durante uma campanha de *comarketing*, várias empresas ou influenciadores colaboram, copromovem um material, dividem os custos e multiplicam os benefícios.

A maioria das parcerias de *comarketing* surge porque os parceiros veem mais valor em trabalhar em conjunto com o outro do que em realizar a mesma ação por si sós. As três razões principais para iniciar uma parceria de *comarketing* serão descritas a seguir.

ATINGIR UM PÚBLICO NOVO. Se ambas as marcas têm uma lista de *e-mails* de clientes, elas podem utilizar seu banco de dados de contatos para introduzir a marca do parceiro. Esse tipo de exposição torna mais fácil estabelecer novas oportunidades de *networking* e dobra o alcance.

OBTER CONHECIMENTOS ADICIONAIS SOBRE UM TÓPICO QUE A EMPRESA NÃO DOMINE. Esforços de *comarketing* ajudam a construir a credibilidade ao mesmo tempo que reforçam a divulgação da marca. Não é apenas a visibilidade que aumenta; a parceria em si também passa a refletir que outras empresas de confiança estão dispostas a investir em sua marca. O conhecimento que essas outras empresas têm pode se somar ao seu – e ambos os públicos saem ganhando!

REDUZIR OS CUSTOS PELA METADE E DOBRAR O PODER DO IMPACTO PROMOCIONAL. O que a empresa do parceiro tem de maior ativo? Quer se trate de *software*, de estratégias ou de relacionamentos com a imprensa ou com líderes da indústria, sua marca deve aproveitar a oportunidade de incorporar essas vantagens a sua campanha em conjunto. Afinal, o *comarketing* permite que sua marca tenha acesso imediato a um banco de dados inteiro de novos clientes. Seria preciso uma grande quantidade de tempo para adquirir tal banco de contatos do zero, organicamente – razão pela qual o *comarketing* é incrivelmente eficaz em termos do tempo que você economiza, sem contar a velocidade com a qual você percebe os resultados.

COMARKETING VERSUS COBRANDING

O chamado *cobranding* está sendo cada vez mais utilizado por grandes e pequenas marcas para aumentar a conscientização e gerar vendas. Na maioria das empresas, essa abordagem ajuda a aprimorar ofertas de produtos de nível básico (como a junção de sorvetes Kibon com chocolates Lacta) e, em um terreno mais sofisticado, pode envolver a combinação de tecnologias para criar um produto inteiramente novo (é o caso do *sport kit* criado pela Nike e pela Apple).

Cobranding envolve um acordo de *marketing* em que duas marcas diferentes se unem para criar um produto ou um serviço indicativo de ambas as identidades. Esta abordagem abre uma oportunidade para cada marca introduzir seu produto ou serviço aos seguidores da outra.

Figura 6.1 – Exemplo de *Cobranding*
Fonte: *Unilever (c2015).*

Diferentemente disso, o ***comarketing*** ocorre quando duas empresas alinham esforços para promover o produto ou o serviço do outro. Não é criado um produto híbrido, mas é formulada uma oferta em conjunto (em geral, envolvendo uma peça de conteúdo) que permite às empresas obter melhores resultados em termos de visibilidade, alcance, *leads* e vendas, algo que não poderia ser realizado sem o apoio da outra.

FORMATOS POSSÍVEIS PARA O *COMARKETING*

Uma ação de *comarketing* pode assumir muitas formas, algumas maiores e mais intensivas em recursos do que outras. Listaremos, a seguir, as mais populares.

ARTIGOS EM *BLOGS* CORPORATIVOS

Duas empresas podem coescrever um artigo para o *blog* de uma delas ou mesmo dois artigos, um para cada *blog*. É uma estratégia semelhante à de *guest posts* (artigos escritos por convidados), mas com um acordo de promoção em que cada empresa deve contribuir para impulsionar o conteúdo em seus canais próprios, ganhos e pagos.

E-BOOKS

Escrever um *e-book* para *comarketing* pode demorar mais do que escrever um artigo, mas é um investimento de tempo que pode valer a pena. A vida útil da maioria dos *e-books* é maior do que a de *posts* em *blogs*, e eles podem ser promovidos de várias maneiras, por ambas as marcas e por um longo tempo. Ao fim do capítulo, leia sobre um *case* de desenvolvimento de *e-book* como forma de *comarketing*.

INFOGRÁFICOS

Se o tópico em que você está trabalhando em conjunto funcionaria bem em um infográfico, esta pode ser uma ótima opção para criar uma forma facilmente compartilhável de conteúdo. Será particularmente útil se seu parceiro tiver mais habilidades de *design* ou mais acesso a dados do que você. Vocês podem dividir as responsabilidades: um time faz o levantamento de dados e o outro se responsabiliza pela apresentação final.

VÍDEOS

Sua empresa ou a empresa de seu parceiro tem *expertise* em criar grandes vídeos de curta duração? Se sim, esta é outra excelente opção para uma peça de conteúdo para *comarketing*. Criar um pequeno vídeo que explique ou discuta um tema que seja de interesse de seu público e da audiência da empresa parceira é uma forma de atrair tráfego e movimentar os *blogs* de ambas.

Vídeos curtos podem ser promovidos em canais do YouTube ou no Facebook e incorporados em seus respectivos *blogs*. Páginas com vídeos costumam galgar posições mais altas nos resultados das buscas, mas atenção: é importante que o material seja curto para garantir engajamento. Em média, vídeos com menos de um minuto alcançam 80% de retenção dos espectadores até a marca de 30 segundos. Em vídeos de dois a três minutos, essa retenção cai para 60% (ROBERTSON, 2013).

WEBINARS

Uma alternativa mais acessível à produção de conteúdos audiovisuais são os seminários *on-line*, mais conhecidos como *webinars*. Esse tipo de evento ao vivo é mais bem-sucedido quando trata de temas de alto interesse do público, que, por sua vez, pode participar fazendo perguntas.

Diferentemente de *e-books*, vídeos e infográficos, os *webinars* não demandam grandes esforços de produção. Podem ser usadas ferramentas pagas (como GoTo*Webinar*) ou gratuitas (como Google Hangouts). O principal investimento das empresas que fazem o *comarketing* está relacionado à realização de uma boa pesquisa sobre o assunto a ser tratado e de uma boa campanha de divulgação nas semanas que antecedem o evento. A taxa de participantes costuma ser menor do que a de inscritos (em alguns casos, chega a 50% do total de inscrições), então, enviar *e-mails* de lembretes com dias ou horas de antecedência é uma prática aconselhável.

Ao fim da transmissão, o *webinar* dá origem a um vídeo que torna o conteúdo perene para o acesso do público interessado, que pode visualizá-lo semanas ou mesmo meses após o evento.

Ao fim do capítulo, leia sobre um *case* de realização de *webinar* como forma de *comarketing*.

FERRAMENTAS GRATUITAS

Outra forma de unir esforços com empresas parceiras em um *comarketing* é oferecer modelos de planilhas, calculadoras *on-line* ou *hotsites* que ajudem os públicos de ambas a criar um plano, organizar uma ação ou avaliar o desempenho de alguma área ou projeto da empresa. Essas ações podem ser mais simples, caso as empresas disponibilizem materiais que elas mesmas já possuam e usem internamente, ou mais complexas, quando envolvem a produção dessas ferramentas por uma equipe de desenvolvedores.

Ao fim do capítulo, leia sobre um *case* de oferecimento de ferramenta *on-line* como forma de *comarketing*.

EVENTOS PRESENCIAIS

Patrocinar um jantar ou uma *happy hour* ou unir esforços em um evento ou uma conferência de determinado segmento de interesse de ambas as empresas também pode ser uma ótima maneira de *comarketing*.

Ao fim do capítulo, leia sobre um *case* de colaboração em evento como forma de *comarketing*.

COMO UTILIZAR AÇÕES DE *COMARKETING* EM MINHA EMPRESA (PASSO A PASSO)

Agora que você já conhece alguns dos formatos possíveis para ações de *comarketing*, vamos compartilhar uma receita para começar agora mesmo! Iniciando pela identificação dos parceiros e passando pela definição de metas em conjunto, seguem os passos básicos para acertar desde a primeira campanha.

1º PASSO: ENCONTRE O PARCEIRO CERTO

As empresas ou os influenciadores que você buscará ter como parceiros devem ser de áreas complementares à de seu negócio e deter conhecimentos que ofereçam valor para seu público. Dessa forma, a ação feita em conjunto beneficiará ambas as partes. Na Contentools, quando criamos listas de potenciais parceiros com quem queremos trabalhar, pensamos sobre empresas e pessoas que agreguem valor e que possam nos ajudar criando conteúdos que interessem e que sejam úteis de verdade.

Quando estiver em busca de parceiros, tenha em mente que eles terão de obter valor do relacionamento também. Pergunte-se: o que a outra empresa teria a ganhar trabalhando lado a lado com a sua? Compartilhe seus pontos fortes para que o jogo seja um ganha-ganha.

2º PASSO: DETERMINE OBJETIVOS

Com a lista de potenciais parceiros em mãos, você precisa traçar um plano. As formas mais bem-sucedidas de começar um relacionamento incluem fazer conexões pelas redes sociais, como LinkedIn e Twitter, encontrar a pessoa em um evento e ter um contato mútuo por meio da introdução de uma terceira pessoa em comum. Independentemente de como seja o cenário, a construção de um relacionamento é fundamental. É improvável que alguém concorde com uma ação de *comarketing* imediatamente, sem saber nada sobre sua empresa ou sobre o valor de trabalhar em um projeto com você e sua empresa.

Uma vez que você e seu parceiro concordem em trabalhar juntos, uma das primeiras coisas a fazer é confirmar os objetivos de cada um. Caso as metas não se alinhem, surgirão problemas mais tarde – o que poderá causar frustração. As metas podem incluir geração de *leads*, atração de visitantes para o *site*, vendas de produtos e serviços ou uma combinação de todas elas.

Realizado esse alinhamento, é hora de fazer um *brainstorm* para discutir temas e tipos de conteúdo. Isso pode ser feito em uma ligação, em uma reunião presencial ou mesmo remotamente, em uma reunião *on-line*, a partir de uma ferramenta que ambos usem, ou em um documento compartilhado. Pense nos interesses de seu público e procure não chegar a esse momento sem ideias para defender.

3º PASSO: ESTABELEÇA PRAZOS E EXPECTATIVAS

Defina expectativas claras em torno de prazos e responsabilidades para cada parte da parceria. Algumas perguntas a fazer neste momento são:

- Que tipo de conteúdo será produzido?

- Quem criará o *briefing* inicial e fará o primeiro rascunho?

- Quem fará a edição de texto?

- Qual parceiro será responsável pelo *design* do conteúdo?

- Quem hospedará a página ou a *landing page* que receberá o arquivo final?

- Como o conteúdo será promovido?
- Como a promoção será dividida?
- O que acontecerá se alguém perder algum prazo?
- Como e com que frequência será feita a comunicação durante o projeto?

Ao dividir o processo de criação de conteúdo, leve em consideração os pontos fortes de cada empresa. Isso ajuda a criar conteúdo de alta qualidade. Quanto mais vocês jogarem com seus pontos fortes, maiores serão as chances de a relação funcionar sem problemas e trazer valor para ambas as partes.

Projetos de *comarketing* podem levar mais tempo do que uma ação normal de *marketing* de conteúdo – pelo simples fato de que é necessário adicionar mais etapas de comunicação –, mas valem a pena! Comece com uma campanha pequena para checar como a parceria se comporta. Se for bem-sucedida, aproxime-se do parceiro para mais ações com diferentes abordagens, novos públicos e ainda mais conteúdo feito em conjunto.

LEMBRE-SE: O MAIOR BENEFICIADO DAS AÇÕES DE *COMARKETING* É O PÚBLICO QUE ACOMPANHA AS EMPRESAS PARCEIRAS, QUE TERÁ ACESSO A MAIS CONTEÚDOS GRATUITOS, DE QUALIDADE!

CASE 1
PRODUÇÃO DE *E-BOOK* (CONTENTOOLS E 99DESIGNS)

Figura 6.2 – Página de acesso para o *download* do *e-book*.
Fonte: Contentools (2000?).

Estudos indicam que 65% das pessoas aprendem com mais facilidade quando há apoio visual e que 86% das pessoas dão preferência a conteúdos digitais que usam imagens (TAYLOR, 2014). Pensando nesses dados, a Contentools e a 99*Design*s, empresa de *design* gráfico, se uniram para a produção de um *e-book* sobre a importância do *design* no *marketing* de conteúdo. Ambas as empresas tinham como objetivo converter *leads* interessados em *marketing* e publicidade *on-line*.

RESULTADO

Milhares de pessoas solicitaram acesso ao *e-book* gratuito e, mesmo passados 18 meses da publicação, o material segue atraindo a atenção de empreendedores, publicitários e gestores de agências.

CASE 2
ORGANIZAÇÃO
DE *WEBINAR*
(CONTENTOOLS E
DITO)

Figura 6.3 – Página de acesso ao vídeo do *webinar*.
Fonte: Contentools (2015?).

Segmentação de *leads* é um tema de interesse dos públicos da Contentools e da Dito, empresa voltada ao *marketing* digital. As empresas se uniram para dar dicas práticas de como melhor entender e se relacionar com os *leads* gerados usando indicadores como dados demográficos e sociais, comportamento *on-line* e nível de aprendizado no funil do *marketing*.

RESULTADO

O *webinar* de uma hora de duração reuniu centenas de pessoas ao vivo, e a taxa de participação se manteve ao longo de toda a transmissão. O vídeo segue disponível e atrai o interesse de profissionais de *marketing* e gestores de redes sociais.

CASE 3
DISPONIBILIZAÇÃO DE FERRAMENTA *ON-LINE* GRATUITA (CONTENTOOLS E RESULTADOS DIGITAIS)

Para mostrar na prática como funciona o funil do *marketing* de empresas que usam *marketing* de conteúdo e que investem em automação, a Contentools e a Resultados Digitais, empresa especializada em *marketing* digital de resultados para empresas, lançaram em parceria uma ferramenta *on-line* gratuita que prevê o volume de visitas, *leads* e oportunidades necessários para alcançar diferentes objetivos.

Ao acessar o sistema, a pessoa pode optar por inserir informações sobre objetivos de negócio (número de clientes e *ticket* médio), caso ainda não tenha seu funil do *marketing* otimizado e queira receber uma previsão, ou por incluir dados que já tenha, para checar como melhorar suas taxas de conversão.

Figura 6.4 – Página da ferramenta.
Fonte: Funil do Marketing *(2015?)*.

RESULTADO

Nas primeiras 48 horas após o lançamento, mais de 4 mil pessoas já haviam utilizado a ferramenta. Até hoje o Funil do *Marketing* ajuda milhares de analistas e gestores a prever resultados e otimizar suas estratégias de *marketing* digital.

CASE 4
PRODUÇÃO DE MATERIAL PARA EVENTO (CONTENTOOLS E ZENDESK)

Figura 6.5 – Capa do Material. *Fonte: Zendesk (2015?).*

A convite da Zendesk, empresa de desenvolvimento de *software*, a Contentools participou do Fórum E-commerce Brasil. Os participantes do evento receberam gratuitamente um material impresso com dicas práticas de como resolver um dos principais problemas dos *e-commerces*: as altas taxas de abandono do carrinho de compras.

RESULTADO

O material produzido em conjunto foi distribuído a centenas de gestores de *e-commerce*, que também receberam um convite para acompanhar ao vivo um *webinar* gratuito em que ambas as empresas compartilharam boas práticas de produção de conteúdo e relacionamento para engajar compradores *on-line*.

REFERÊNCIAS

CONTENTOOLS. *A importância do design no marketing de conteúdo*. Florianópolis: Contentools, [200?]. Disponível em: <http://pages.contentools.com.br/design-marketing-conteudo>. Acesso em: 21 novo. 2015.

CONTENTOOLS. *Formas simples para segmentar sua base de leads*. Florianópolis: Contentools, [2015?]. Disponível em: <http://pages.contentools.com.br/webinar-dito>. Acesso em: 21 novo. 2015.

FUNIL DO MARKETING. *Funil de vendas do marketing digital*. [S.l.]: Funil do Marketing, [2015?]. Disponível em: <http://www.funildomarketing.com.br/>. Acesso em: 21 nov. 2015.

MICROPOST MARKETING. *Estrategia de co-branding*. [S. l. : s. n], 2015. Disponível em: < http://micropostmarketing.blogspot.com.br/2015/07/estrategia-de-co-branding.html>. Acesso em: 23 nov. 2015.

ROBERTSON, M. *2013 video marketing survey & business video trends report*. [S.l.]: Reelse The Video Marketer's Guide, 2013. Disponível em: <http://www.reelseo.com/2013-video-marketing-business-survey-trends-report/>. Acesso em: 21 nov. 2015.

TAYLOR, G. *B2B content preferences survey: buyers want short, visual, mobile-optimized content*. [S.l.]: Content Strategies, 2014. Disponíel em: <http://www.demandgenreport.com/industry-topics/content-strategies/2746-b2b-content-preferences-survey-buyers-want-short-visual-mobile-optimized-content.html>. Acesso em: 21 nov. 2015.

ZENDESK. *Benefícios do chat em tempo real*. [S. l: s.n, 2015?]. Disponível em: < https://www.zendesk.com.br/recursos/beneficios-chat-tempo-real/>. Acesso em: 23 nov. 2015.

CAPÍTULO 07
INBOUND MARKETING

ANDRÉ SIQUEIRA
RESULTADOS DIGITAIS

O QUE É *INBOUND MARKETING*?

A internet mudou radicalmente a forma como as empresas podem encontrar e se comunicar com os seus clientes. Para fazer isso anteriormente, elas eram obrigadas a gastar grandes verbas para fazer propaganda pelos meios tradicionais, como TV, rádio, jornal, revista, *outdoor* e panfleto, já que essas eram praticamente as únicas formas de alguém descobrir sobre a oferta de um produto ou serviço.

As pessoas, hoje, estão expostas a muito mais opções de mídia, produtos e canais de informação e, ao mesmo tempo, estão cada vez mais eficientes em ignorar propagandas invasivas ou irrelevantes. Além disso, quando querem comprar algo, os consumidores têm confiado na internet como forma de ajuda na tomada de decisão, buscando mais informações sobre o produto ou a empresa, comparando preços, consultando opiniões de outros usuários e aceitando recomendações de amigos nas redes sociais. Assim, uma propaganda só é efetiva de fato quando gera valor real para seu público, sendo relevante, precisa e baseada na permissão. O *marketing* digital tem algumas características que auxiliam nessa tarefa de tornar a propaganda mais efetiva, permitindo que tenhamos alto retorno sobre o investimento de tempo e dinheiro na comunicação via internet.

Dentro do *marketing* digital, temos o conceito de *inbound marketing*, que se refere a uma estratégia de mercado não intrusiva e muito mais segmentada. *Inbound marketing* é justamente o contrário das estratégias tradicionais de *outbound marketing*. Em vez de levar os produtos ou serviços aos olhos do consumidor, no *inbound marketing* é o próprio consumidor que pesquisa – e encontra – sua oferta.

A ideia por trás do *inbound marketing* é atrair as pessoas certas para fechar o negócio certo. Nesse conceito, o produto não é oferecido logo de cara. Antes da oferta, o potencial cliente tem acesso a conteúdo relacionado por meio de *posts* em *blogs*, *e-books*, *newsletters*, *podcasts*, redes sociais, *webinars* ou qualquer outra forma de exibição. Isso leva o potencial cliente a criar certa identificação com a marca ou a empresa antes de conhecer o produto. Em médio ou longo prazo, a pessoa vai mantendo uma relação com a empresa por meio desses conteúdos, e só recebe a oferta quando está pronta para realizar a compra.

OS CINCO PILARES DO INBOUND MARKETING

Esta metodologia funciona, basicamente, por meio de cinco pilares: atrair, relacionar, converter, vender e analisar.

ATRAIR

O primeiro grande passo para gerar resultados com o *inbound marketing* é trazer visitantes para seu *site*, suas comunidades ou seus perfis nas mídias sociais. Há três maneiras principais de fazer isso:

- produzir conteúdo relevante para seu público-alvo;

- otimizar seu *site* para melhorar sua colocação no Google e em outras ferramentas de busca – prática conhecida como SEO;

- comprar mídia (anúncios) no próprio Google ou em outros *sites* que sejam visitados por seus potenciais clientes.

Se bem equilibradas, essas atividades garantem um ótimo ROI em atração de clientes em curto e longo prazo.

RELACIONAR

Para a grande maioria dos negócios, não é exatamente na primeira visita ao *site* que o potencial cliente toma a decisão de comprar o produto ou serviço. O *inbound marketing* permite que a empresa retenha esse visitante, se mantenha próxima dele e, aos poucos, vá gerando credibilidade e abrindo portas para o negócio se concretizar. Para fazer esse relacionamento com os clientes (tanto potenciais quanto atuais), é importante estabelecer os canais e as práticas.

CONVERTER

Acima de tudo, o *inbound marketing* é uma forma eficiente de gerar resultados para a empresa. Ao longo do tempo, é preciso converter esses visitantes do *site* em clientes ou em oportunidades claras de negócio.

Nesta fase, a ideia é que o potencial cliente deixe informações de contato para que a equipe de vendas possa posteriormente conversar com ele. É a fase anterior à venda, na qual o (ainda) visitante faz uma conversão ao baixar um material do *site*, se inscrever em uma *newsletter* ou preencher um formulário com seu *e-mail*, por exemplo.

VENDER

Após a conversão, quem entra em ação é a equipe de vendas. A grande diferença aqui é que, com o uso do *inbound marketing*, todo vendedor, quando entra em contato com o cliente, já sabe quais são suas necessidades e dificuldades enfrentadas e o que, no geral, o cliente precisa para ter sucesso em seu negócio utilizando o produto ou serviço que está sendo vendido. Do outro lado, o cliente também já conhece a empresa, uma vez que já baixou materiais ricos, assistiu a *webinars* ou leu o *blog*, por exemplo.

A venda, no modelo do *inbound marketing*, tem uma maior possibilidade de ser certeira justamente por isso, por não ser "às cegas". Ambas as partes já se conhecem antes de o negócio ser fechado.

ANALISAR

Uma das grandes vantagens do *inbound marketing* se comparado ao *outbound marketing* é a possibilidade de medir os resultados em detalhes. Mais do que isso, é possível identificar as ações que têm dado resultado e, assim, ir constantemente melhorando o ROI, cortando o que não dá resultado e aumentando os recursos onde o retorno é positivo.

Em linhas gerais, essas são as atividades principais que qualquer empresa deveria colocar em prática na internet. Para quem ainda não está familiarizado com o *inbound marketing*, o ideal é começar de forma simples, mantendo um equilíbrio entre essas tarefas e investindo pouco a pouco no aprofundamento e no entendimento das técnicas de cada uma delas.

COMO SURGIU O *INBOUND MARKETING* E QUEM PODE USÁ-LO?

Já faz algum tempo que o *inbound marketing* vem sendo praticado profissionalmente. Aos poucos, o conceito vem se consolidando e ficando cada vez mais em voga em todo o mundo. O termo começou a se popularizar nos Estados Unidos, tomando proporções globais em 2010, com o lançamento do livro *Inbound marketing: seja encontrado usando o Google, a mídia social e os blogs*, de Brian Halligan e Dharmesh Shah. De lá para cá, o *inbound marketing* explodiu, e cada vez mais empresas de diferentes portes estão aderindo ao método para conquistar mais clientes, gerar mais vendas e reforçar sua autoridade perante a audiência.

A cada ano que passa, fica mais tênue a diferença entre o real e o virtual, entre o *off-line* e o *on-line*. Não se diz mais "entrar na internet", pois a internet já está em praticamente todos os lugares. Por essa razão é que toda empresa pode utilizar conceitos de *inbound marketing* como método. É possível adaptá-los e empregá-los em qualquer empresa, usando conteúdo para entretenimento/utilidades e fazendo reforço de marca. No entanto, os melhores casos de uso são as vendas complexas.

POR QUE USAR *INBOUND MARKETING* EM MINHA EMPRESA E COMO TER SUCESSO?

Uma pergunta bastante recorrente para quem trabalha com *marketing digital* é: por que, afinal de contas, usar *inbound marketing*? Cientes dessa questão, realizamos, na Resultados Digitais, uma grande pesquisa com nossos clientes. As respostas nos levaram a identificar oito formas de sucesso do *inbound marketing*, as quais justificam os motivos pelos quais vale a pena utilizar seus conceitos.

1. GERAR *LEADS* QUALIFICADOS

Empresas precisam de pedidos, de contatos, de uma base de oportunidades para ofertar seus produtos ou serviços. Por isso, a geração de oportunidades é um primeiro indício de sucesso.

Depois de trabalhar a atração com conteúdos e materiais ricos e criar uma base de *leads*, é preciso qualificá-los. A qualificação é uma maneira eficiente de lidar com a sobrecarga de *leads*, pois evita perda de tempo com *leads* de baixo potencial de compra. O importante é investir mais tempo naqueles com maior probabilidade de comprar.

Para conseguir selecionar bons contatos e aumentar a *performance* do time de vendas, analise dois grandes aspectos de cada *lead*: perfil da empresa e intenção de compra.

2. VENDER PARA *LEADS*

Não basta gerar *leads*, o objetivo final de qualquer empresa é vender. Para isso, é preciso conhecer seu público e falar com ele no momento certo, com a oferta certa. Uma estratégia de *inbound marketing* permite coletar informações sobre os *prospects*, conhecer suas necessidades e interesses e fazer um relacionamento para a geração de oportunidades e vendas.

Mostre a seu potencial cliente a qualidade e a quantidade de informações que ele vai ter sobre seus potenciais clientes com a implementação de sua estratégia.

3. SER REFERÊNCIA NA INTERNET

Ter presença na internet não é ter um *site* do tipo "fôlder digital". O mercado está entendendo isso. Ser encontrado é um objetivo bastante comum entre os clientes da Resultados Digitais. Esta é uma métrica que todo mundo entende: você aparece no Google quando alguém procura seu produto ou conteúdo?

Seus potenciais clientes estão procurando você (ou sua empresa) na internet. Destaque-se e faça com que seus visitantes percebam a relevância e o conhecimento que você tem.

4. OTIMIZAR CONVERSÕES DO FUNIL

Existe uma área de estudo no *marketing digital* que é a otimização da conversão, a qual consiste na utilização de técnicas para fazer os *leads* avançarem ao longo do funil sem precisar, necessariamente, aumentar o volume. Tenha em mente os três estágios do funil do *marketing digital*: topo, meio e fundo.

TOPO DO FUNIL: GERAÇÃO DE TRÁFEGO E *LEADS*

- Otimizar a taxa de conversão de cada canal.
- Aumentar e/ou otimizar os pontos de contato que um *lead* tem com sua empresa.
- Fazer testes A/B.

MEIO DO FUNIL: PREPARAÇÃO DOS *LEADS* PARA A COMPRA

- Definir a jornada de compra.
- Criar automações de *marketing* para nutrir os *leads*.
- Qualificar os *leads* antes de passar para o time de vendas.

FUNDO DO FUNIL: VENDAS E RETENÇÃO

- Entregar *leads* para vendas de forma mais eficiente.
- Usar conteúdo para ajudar nas vendas.

Muitas vezes, uma otimização pequena dessas taxas traz um grande faturamento em longo prazo.

5. AUMENTAR A PRODUTIVIDADE

Tempo é dinheiro. Mostre que uma estratégia de *inbound marketing* com seu apoio e as ferramentas adequadas vai facilitar os processos e otimizar o tempo do setor de *marketing*. É mais resultado em menos tempo.

A centralização de informações e a integração de ferramentas facilitam muito todos os processos de geração de oportunidades com *marketing digital*.

6. REDUZIR CUSTO DE AQUISIÇÃO DE CLIENTES (CAC)

CAC é o investimento médio em esforços diretos para conquistar um cliente. Por exemplo, se seus investimentos diretos em aquisição de clientes somarem 10 mil reais no mês e, com isso, você conseguir 20 clientes, seu CAC será de 500 reais. Ou seja, quanto mais custa um cliente, menos você lucra com o negócio. Na grande maioria das empresas, as áreas que atuam diretamente nesse processo são *marketing* e vendas, mas, dependendo do negócio, as áreas podem variar.

Vale mencionar também que o cálculo é feito sempre considerando os investimentos e os novos clientes adquiridos no mesmo período. O CAC é calculado mês a mês, mas é importante considerar algumas variações bruscas esporadicamente. Por exemplo, se em um mês você contratar dois vendedores a mais, o CAC deverá aumentar, já que é provável que eles não tragam clientes logo no primeiro mês de trabalho. Contudo, com o tempo, esse valor voltará a estabilizar-se.

Além de indicar se seu negócio está saudável, esta métrica pode ajudar muito os gestores de *marketing* a tomar decisões estratégicas e otimizar os investimentos.

7. MENSURAR E MOSTRAR RESULTADO

Aqui temos o ouro. Se você não sabe quanto custa um cliente e nem qual é o retorno do investimento, você pode estar dando um tiro no escuro. Entenda que todo investimento deve ser sempre analisado e que você deve verificar o retorno do que está investindo e até investir mais ou menos, conforme esse retorno.

Documente todas essas informações para ter total controle sobre o investimento e realizar ações com base em dados, e não em apostas.

8. FIDELIZAR CLIENTES

Um bom relacionamento com sua base de clientes tem muito potencial de novos negócios, como uma nova compra, a aquisição de um plano mais caro (em casos de assinaturas), etc. Em muitas situações, você precisa se relacionar melhor (ou mesmo começar a relacionar-se) com seus clientes para levantar novos negócios, como *up-selling* e *cross-selling*. Esse processo com um vendedor é caro, por isso as ações de *marketing* digital são o caminho.

Relacione-se de forma personalizada com seu cliente, segmentando *e-mails*, trabalhando com as redes sociais e criando conteúdo específico para quem já assina seu serviço ou já comprou seu produto. Lembre-se de que manter um cliente é sete vezes mais barato do que adquirir um novo! (KISSMETRICS, 2015).

QUAIS SÃO OS PRINCIPAIS ERROS EM *INBOUND MARKETING* QUE AS EMPRESAS COMETEM?

Como o conceito e as técnicas de *inbound marketing* são relativamente novos, é comum que a maioria dos profissionais esteja exposta a erros. Há incontáveis equívocos dentro de todo o conceito, mas, em resumo, existem três tipos de erros comuns e básicos que todo profissional pode evitar.

A parte ruim é que, se você estiver mesmo cometendo equívocos, será difícil prever, medir e aumentar constantemente o volume de tráfego e a geração de oportunidades de negócio no *site*. Dessa forma, você não poderá determinar o retorno sobre o tempo e o dinheiro investidos em *marketing* na internet.

Em qualquer negócio, você deve estar no controle de como os recursos estão sendo usados. Se você está cometendo esses erros, o controle não está sendo realizado. Caso você não os esteja cometendo, meus parabéns.

ERRO 1: ACHAR QUE O *MARKETING* DIGITAL NÃO É GUIADO POR UMA PESQUISA DE PALAVRAS-CHAVE

A pesquisa de palavras-chave é a base para quase todos os métodos de aquisição de tráfego *on-line*: SEO, *links* patrocinados, *blogs* e mídias sociais. SEO, *blogs* e mídias sociais são estratégias que exigem bastante paciência para gerar os primeiros resultados. *Links* patrocinados podem ser caros. Então, se você não tiver uma boa pesquisa de palavras-chave, não estará sendo tão eficaz quanto poderia na aquisição de tráfego.

É preciso identificar quais palavras-chave são relevantes, possuem um volume elevado de buscas e são relativamente fáceis de alcançar boa classificação nas ferramentas de busca. Além disso, é necessário monitorar seu *ranking* atual de cada palavra-chave, a quantidade de tráfego que elas estão recebendo e a proporção de conversões que essas palavras têm gerado. Um processo de investigação regular e rigoroso de palavras-chave pode ter um impacto positivo de duas a 10 vezes no ROI.

ERRO 2: NÃO TER GRANDES OFERTAS, CHAMADAS E PÁGINAS DE CONVERSÃO OTIMIZADAS NO SITE

Este erro é ainda mais comum. Chamadas e ofertas raramente estão presentes, assim como páginas de conversão. O que a maioria das pessoas faz é colocar um botão "Fale conosco" em sua navegação e esperar. Isso é o equivalente a ter uma loja e pedir a seu caixa para ficar no canto da loja com os olhos fechados e um pequeno botão em seu peito que diz: "Acorde-me apenas se você quiser comprar algo". As pessoas não vão fazer contato, a menos que tenham percebido que você pode ajudá-las a resolver seus problemas ou que você tem um produto de que elas necessitam.

Muitas empresas usam *links* como "Peça uma demonstração" ou "Avaliação gratuita" como chamarizes. No entanto, essa é apenas outra maneira de dizer "Entre em contato conosco para falar sobre a compra". Suas ofertas devem ser relevantes para os desafios que seus clientes potenciais enfrentam.

Ofertas educativas costumam ser boas por natureza. Elas dão ao visitante o que eles estão procurando e ainda permitem que você classifique potenciais clientes e capture suas informações de contato para que você possa continuar nutrindo-os de informações.

Você também deve notar que não se trata de ter uma ou duas ofertas. Trata-se de chegar com várias ofertas que entrarão em ressonância com seu público e poderão ajudá-lo a fazer a correlação entre seus desafios e objetivos e o produto que você vende.

ERRO 3: NÃO MEDIR DE ONDE SEUS CLIENTES SÃO PROVENIENTES

Como qualquer outra coisa na vida, *marketing* na internet exige melhoria ao longo do tempo, e um bom pacote de *web analytics* é essencial na tarefa de determinar como melhorar. O erro que a maioria das pessoas comete, no entanto, é focalizar as métricas erradas. O que importa nos pacotes de *web analytics* é determinar exatamente que fontes de tráfego (p. ex., palavras-chave, *e-mail*, *links*, *sites* de mídia social, etc.) estão atraindo os visitantes que efetivamente realizam uma conversão. Contudo, o foco de muitas pessoas costuma ficar em outros itens, como o número de *pageviews*, o número de visitantes ou o tempo médio no *site*. Esses aspectos são bastante irrelevantes se você não está convertendo os visitantes em conhecidos ou em clientes pagantes.

Você pode achar que o Twitter, por exemplo, está atraindo muita gente para seu *site* e que essas pessoas têm gerado um alto número de *pageviews*. Se, no entanto, as pessoas oriundas do *e-mail marketing* estão realizando um número maior de conversões, é nesse canal que você deve investir mais pesado.

COMO UTILIZAR O *INBOUND MARKETING* EM MINHA EMPRESA (PASSO A PASSO)

Toda empresa pode utilizar o *inbound marketing* como estratégia. Alguns passos podem ser seguidos para que sua empresa consiga utilizar as táticas de forma mais eficaz. Siga em ordem as etapas listadas.

1. AJUSTES E *SETUP* INICIAL

CRIAR OU REVISAR CONTAS EM MÍDIAS SOCIAIS. Garanta bons nomes de usuários e ajuste os perfis no Facebook, no Twitter e em outras redes importantes.

PROVIDENCIAR A INSTALAÇÃO DO GOOGLE ANALYTICS. Acompanhar os resultados do *site* é fundamental para entender os avanços. Comece a colher dados.

CONFIGURAR SUBDOMÍNIO PARA SERVIÇOS DE CRIAÇÃO DE *LANDING PAGES*. Se você não lida com programação, aproveite os *softwares* que ajudam a criar páginas de conversão.

INTEGRAR FORMULÁRIOS A UMA BASE. Garanta que os contatos gerados em seu *site* estejam centralizados em uma base que permita o relacionamento com o potencial cliente.

ACOMPANHAR RELATÓRIOS DIÁRIOS. Certifique-se de que acontecimentos "estranhos", como quedas bruscas ou menções em outros *sites*, sejam notados rapidamente.

2. DEFINIÇÃO E PRODUÇÃO DE UMA OFERTA PARA GERAÇÃO DE *LEADS*

ESCOLHER UMA BOA OFERTA (CONTEÚDO) PARA GERAÇÃO DE *LEADS*. Escolha uma isca (*e-book*, *webinar*, ferramenta, etc.) que seja interessante para seu público.

CRIAR A OFERTA. Aproveite os materiais que sua empresa já tem, coloque a mão na massa e deixe o material pronto.

3. CRIAÇÃO DE *LANDING PAGE*

ESTUDAR E PLANEJAR OS TEXTOS E OS ELEMENTOS DE UMA *LANDING PAGE*. Entenda o que é uma *landing page* e o que garante uma boa taxa de conversão.

CRIAR A *LANDING PAGE* PARA SUA OFERTA. Com a configuração do subdomínio e a oferta já feitas, é hora de efetivamente criar a *landing page* no *software* escolhido.

4. PROMOÇÃO DE *LANDING PAGE*

DEFINIR DIFERENTES FORMAS DE PROMOVER A OFERTA. Sua empresa deve conseguir direcionar os potenciais clientes para a *landing page*. A publicação por si não gera resultados automaticamente.

INSERIR CALLS-TO-ACTION NO SITE. Seu *site* já deve atrair algum tráfego. Use *links* e *banners* para levar esses visitantes até a *landing page*.

PROMOVER A OFERTA EM REDES SOCIAIS. Se sua empresa já tem uma boa presença nas redes sociais, use-as para divulgar a oferta.

ENVIAR *E-MAIL* PARA A BASE. É verdade que você já tem o contato de quem está na base, mas promover a oferta ajuda no relacionamento e pode incentivar o compartilhamento.

Para facilitar ainda mais, veja, a seguir, três *cases* de sucesso, um com uma empresa internacional, um com uma média empresa e um com uma *startup*.

CASE 1
FIDELIZAÇÃO DE CLIENTES (MELLOW MUSHROOM)

SEGMENTO: Restaurante

TAMANHO: Grande

OBJETIVO(S): Fidelizar clientes + Ser referência

SOBRE A EMPRESA

A concorrência no mercado de restaurantes *delivery* é muito alta. Conseguir fornecer um produto de qualidade não é o suficiente para garantir que os clientes retornem; é preciso criar uma estratégia que faça com que eles se engajem na marca e percebam o valor agregado pela estratégia.

A Mellow Mushroom Pizza Bakers é uma coleção de restaurantes que serve *pizzas* assadas na pedra. Fundada em 1974 em Atlanta, na Geórgia, e hoje com 150 lojas espalhadas pelos Estados Unidos, é operada por um proprietário local em cada loja. Por esse motivo, é considerada uma coleção de restaurantes, e não uma rede. A empresa está buscando fortalecer sua imagem e fidelizar seus clientes.

O QUE FOI FEITO

Como balancear conteúdos em *e-mail marketing* a fim de fortalecer a imagem da marca e fidelizar clientes?

A empresa estava buscando uma estratégia que conseguisse equilibrar conteúdo informativo e promocional, de forma que as campanhas disparadas por *e-mail* atraíssem a atenção e o interesse sem sobrecarregar os clientes. Para isso, foi criado um programa de fidelidade; aqueles que se cadastravam eram nutridos com conteúdo.

Toda a comunicação com o cliente era baseada em informações variadas, não só sobre os produtos mas também sobre artistas e alusões à cultura *pop*, referência de estilo para a empresa. Os únicos *e-mails* promocionais enviados tinham como objetivo recompensar o cliente de alguma forma.

Para engajar ainda mais os clientes, a empresa criou uma coleção de *cartoons* que eram disponibilizados para os participantes do programa de fidelidade. Cada personagem era oferecido de acordo com os dados que os participantes preenchiam no *site*. Assim, os membros eram incentivados a preencher o máximo de informações possível.

As ferramentas usadas pela empresa foram:

- base de *leads*;
- *e-mail marketing*;
- automação de *marketing*;
- análise.

RESULTADOS

Dois anos após o lançamento do programa de fidelidade, a base de *leads* cadastrados e participando ativamente já chegava a 270 mil pessoas. Para os *e-mails* enviados, a taxa média de abertura era de 30 a 40%, atingindo um número geral de cliques de 9%.

O primeiro *e-mail* que era enviado com o objetivo de convidar o participante a preencher suas informações de perfil chegava a uma taxa de abertura de cerca de 50%, com número de cliques de 22%. Cerca de 40% daqueles que chegavam até essa etapa finalizavam seu cadastro, fornecendo informações para a empresa sobre preferências alimentares, possíveis alergias e perfil geral.

CASE 2
MENSURAÇÃO E APRESENTAÇÃO DE RESULTADOS (CLIENTE ALVO)

SEGMENTO: Consultoria

TAMANHO: Médio

OBJETIVO(S): Mensurar e mostrar resultados + Gerar *leads* qualificados

SOBRE A EMPRESA

Desenvolver uma estratégia de *marketing* digital eficiente e sempre otimizada é um objetivo comum a grande parte das empresas. Contudo, além da execução, outro ponto principal para atingir esse objetivo é pensar em como os resultados serão mensurados e apresentados.

A Cliente Alvo é uma empresa especializada em *marketing* direto e oferece soluções em comunicação por telefonia móvel e fixa. No início, suas ações de *marketing* digital eram baseadas em *adwords* e *cold calls*, que eram acompanhadas por meio de diversas planilhas e sistemas próprios. A gestão da informação dos *leads* não era completa, o que dificultava uma análise dos resultados gerados e potenciais otimizações.

O QUE FOI FEITO

Como a Cliente Alvo conseguiu ter uma visão completa de seus resultados ao adotar uma gestão integrada de *leads*?

Além de investir em *inbound marketing* para gerar mais *leads*, para a empresa também era essencial conseguir fazer a gestão de todas essas informações para, ao fim, ter uma visão clara de onde melhorias estavam sendo necessárias. Para deixar o fluxo de dados claro, a empresa optou por usar uma ferramenta de *marketing* digital completa, pela qual fosse possível ver a trajetória do *lead* desde o topo do funil de vendas até o momento de fechar a compra. Assim, a empresa acompanhava cada *lead* individualmente sem perder a visão do todo.

Para chegar ao público-alvo e gerar mais *leads*, a empresa começou a investir na criação de *landing pages* com conteúdo para cada etapa. Cada vez que um *lead* convertia em uma *landing page*, seus dados eram armazenados, formando um perfil completo. Quando esse *lead* fechava uma venda, a empresa já tinha uma visão de toda a jornada de compra e conseguia medir as campanhas lançadas.

As ferramentas usadas pela empresa foram:

- *landing pages*;
- base de *leads*;
- *e-mail marketing*;
- análise.

RESULTADOS

Para a empresa, conseguir reunir informações e estatísticas em apenas uma ferramenta colaborou muito para a identificação das estratégias que estavam trazendo resultados e o ajuste daquelas que ainda não atingiam o objetivo proposto. Com a nova estratégia de *marketing*, a empresa alcançou, em apenas quatro meses, 1.707 *leads* gerados e conquistou 22 novos clientes, sendo que 45% deles geravam receitas recorrentes.

CASE 3
OTIMIZAÇÃO DE CONVERSÕES DO FUNIL (DONUZ)

SEGMENTO: *Software*

TAMANHO: Pequeno

OBJETIVO: Otimizar conversões do funil + Vender para *leads*

SOBRE A EMPRESA

Empresas que trabalham com o modelo de negócio *software as a service* (SAAS) normalmente enfrentam o desafio de conseguir demonstrar valor e engajar usuários em sua ferramenta durante o período de teste gratuito. *Leads* que chegam até esse estágio já estão muito próximos de fechar negócio, mas como conseguir deixar a estratégia ainda mais otimizada para gerar o máximo de vendas?

A Donuz, desenvolvedora de um *software* para gestão de programas de fidelidade para pequenas empresas de varejo e serviços ao consumidor, enfrentava esse desafio ao tentar conduzir os *leads* que iniciavam um teste na plataforma ao longo de seu funil de vendas.

O QUE FOI FEITO

Como usar a automação de *marketing* para otimizar as conversões do funil?

Para conseguir que os *leads* que entrassem no teste gratuito estivessem mais preparados para fechar negócio, a empresa criou um fluxo de automação que contava com três *e-mails* durante o teste e mais dois depois que o teste era finalizado. Ao longo dos sete dias de teste, os potenciais clientes recebiam informações diversas para reforçar os benefícios e os recursos oferecidos pela plataforma e, também, oferecer o contato e o apoio de uma pessoa da área comercial durante o período. O principal objetivo era engajar os *leads* em uma conversa com os vendedores da empresa.

Para aqueles *leads* que ainda não tivessem fechado negócio, também foi desenhada uma comunicação específica. O objetivo era reforçar a credibilidade da plataforma e falar sobre as referências do mercado, bem como sobre os riscos de implantar outros modelos de fidelização.

As ferramentas usadas pela empresa foram:

- *landing pages*;
- automação de *marketing*;
- análise.

RESULTADOS

Por meio das ações de automação de *marketing*, a empresa conseguiu dobrar suas taxa de conversão direta, sendo que, de todos os *leads* que testaram a plataforma, 20% se tornaram clientes. Mesmo mantendo o número de *leads* gerados, a estratégia foi otimizada e, consequentemente, a receita também aumentou.

O uso da automação de *marketing* foi essencial para que o processo se tornasse mais eficiente, ampliando o número de negócios fechados sem incorrer em outros custos.

REFERÊNCIAS

HALLIGAN, B.; SHAH, D. *Inbound marketing*: seja encontrado usando o Google, a mídia social e os blogs. Rio de Janeiro: Alta Books, 2010.

KISSMETRICS. *Fastest way to lose customers*. San Francisco: Kissmetrics, 2015. Disponível em: <https://blog.kissmetrics.com/retaining-customers/>. Acesso em: 21 nov. 2015.

CAPÍTULO 08
FLUXO DE NUTRIÇÃO

ANDRÉ SIQUEIRA
RESULTADOS DIGITAIS

O QUE É FLUXO DE NUTRIÇÃO?

Aproximadamente 50% dos *leads* de uma empresa B2B são qualificados, mas ainda não estão no momento ideal de compra, é o que diz uma pesquisa do instituto Gleanster Research (DEEP DIVE, 2010). É para estimular o interesse desse contato que já realizou uma primeira interação e, também, para conduzi-lo de forma mais suave à etapa seguinte do funil de vendas que algumas empresas estão investindo em campanhas de nutrição de *leads* com o objetivo de impulsionar as vendas. A técnica consiste em enviar, de forma automatizada, uma sequência de *e-mails* com conteúdos relacionados àqueles em que o usuário tenha demonstrado interesse alguns dias antes.

Os modelos mais simples de relacionamento (*e-mail marketing* tradicional ou mesmo mídias sociais) não foram suficientes para dar conta do recado, e a automação de *marketing* surgiu como uma saída viável e muito eficiente de resolver o problema. É por isso que hoje o tema está cada vez mais presente nos principais *blogs* e eventos da área e se tornou a obsessão do departamento de *marketing* de diversas empresas.

Ainda assim, trata-se de algo muito novo. Há pouco tempo, alguns números indicavam que pouco menos de 5% das empresas norte-americanas estavam ativamente utilizando esse recurso (NORTH, 2015). No Brasil, a prática é certamente ainda mais incipiente. Somos praticamente "virgens" no assunto, contando com poucos casos isolados de automação bem feita.

POR QUE USAR FLUXO DE NUTRIÇÃO EM MINHA EMPRESA?

Os benefícios são visíveis: pesquisas comprovam que investir em campanhas de nutrição pode aumentar em 50% o volume de vendas de uma empresa a partir de contatos *on-line*, a um custo 33% menor do que o de conquistar novos contatos, segundo dados do instituto Forrester Research (MARKETO, 2015). Ou seja, além de aumentar as oportunidades e conversões, o fluxo de nutrição acaba derrubando o CAC.

O papel da nutrição (e o motivo para utilizá-la) é deixar os *leads* mais prontos para avançarem para a etapa seguinte do funil de vendas. Com esse recurso, eles amadurecem a intenção de compra enquanto recebem informações pertinentes a cada um dos estágios: aprendizado, reconhecimento do problema, consideração da solução, avaliação e compra.

Dessa forma, o vendedor não perde seu tempo em abordagens a contatos que ainda não estejam prontos para isso; ele só se envolve quando os *leads* realmente estão mais à frente no processo. Assim, o vendedor pode ser mais proativo no atendimento aos clientes com bom *fit* e, ao mesmo tempo, não deixar de rentabilizar em cima de clientes com *fit* um pouco pior, atuando apenas como um "tirador de pedidos", sem um esforço grande no atendimento.

ALGUNS BENEFÍCIOS DE UTILIZAR UMA CAMPANHA DE NUTRIÇÃO DE *LEADS*

Como já foi dito, os benefícios de um uso correto do fluxo de nutrição são visíveis em qualquer empresa, desde uma *startup* a uma multinacional. Poderíamos enumerar vários exemplos de consequências benéficas para qualquer tipo de negócio, mas, aqui, vamos focar sete deles.

FACILIDADE E ECONOMIA DE TEMPO DOS PROFISSIONAIS

Como o processo é automatizado – os *e-mails* são previamente redigidos e inclusos no sistema para serem enviados de forma periódica para *leads* com o mesmo perfil –, não requer o envolvimento direto das equipes de *marketing* e vendas no envio de sugestões de conteúdos a serem acessados pelos *leads*. Isso facilita, economiza tempo dos profissionais e deixa todo o processo mais barato.

ENVIO DE *E-MAILS* SEGMENTADOS E RELEVANTES

O fato de o envio ser automatizado não significa que as mensagens sejam genéricas. Os *e-mails* são extremamente segmentados – o conteúdo é relacionado ao que o usuário baixou no *site* e o material é relevante para o momento, uma vez que a primeira mensagem é enviada normalmente um dia após o usuário ter baixado conteúdo relacionado no *site* da empresa, o que quer dizer que ele ainda está atento ao tema. Essa maior precisão no conteúdo acaba garantindo melhores resultados no engajamento. Uma pesquisa realizada pelo especialista Dan Zarrella (2015?) avaliou que a taxa de cliques sobe consideravelmente: vai de 3% em uma campanha normal para 8% em uma campanha de nutrição de *leads*.

ESTABELECIMENTO DE *FOLLOW-UP* DE MANEIRA ORGANIZADA E DISCIPLINADA

O vendedor não precisa preocupar-se em lembrar-se de enviar *e-mails* para manter contato com esses *leads* ao longo dos dias. O envio automatizado desempenha muito bem esse papel e previne possíveis falhas, de falta de tempo ou de esquecimento do profissional.

GERAÇÃO DE MAIOR VOLUME DE OPORTUNIDADES

Uma vez que a campanha é produzida uma única vez para determinado grupo de *leads* com perfis afins, o envio automático permite que essas pessoas tenham contato próximo com a empresa por vários dias. O resultado é que a estratégia acaba gerando oportunidades em maior volume para o time de vendas. Vale a pena repetir: fazendo uma campanha bem feita, é possível aumentar em 50% o volume de vendas de uma empresa.

GERAÇÃO DE OPORTUNIDADES MAIS QUALIFICADAS

Como o conteúdo enviado tem os objetivos de esclarecer alguns temas de interesse do *lead* e de aproximá-lo da empresa, o resultado é que a estratégia acaba gerando *leads* mais prontos, pois eles acabam ficando bem informados sobre problemas que os produtos e os serviços da empresa ajudam a resolver e com a ideia em relação à compra mais amadurecida. Dessa forma, fica muito mais fácil vender para esses clientes.

VENDAS MELHORES E MAIORES

De acordo com o Annuitas Group, os *leads* que foram nutridos geram vendas 47% maiores do que os *leads* que não foram. Como têm mais informação sobre as vantagens e a forma de funcionamento do produto ou do serviço, o potencial cliente enxerga, de forma clara, os benefícios da compra e acaba adquirindo pacotes mais completos da versão do produto ou do serviço.

CAPACIDADE DE ANÁLISE DOS RESULTADOS E DE AJUSTES NO PROCESSO

Ao realizar uma campanha de nutrição, é possível ter total controle sobre os resultados. Sua empresa consegue mensurar que tipo de *e-mail* apresenta uma conversão ruim e reformular a mensagem ou alterar a sequência de *e-mails* para obter resultados melhores.

QUAIS SÃO OS PRINCIPAIS ERROS EM FLUXO DE NUTRIÇÃO QUE AS EMPRESAS COMETEM?

ERRO 1: PENSAR QUE A FERRAMENTA AUTOMATIZA TUDO

O erro começa em pensar que a automação de *marketing* fará o trabalho sozinha. O papel da ferramenta é automatizar as suas decisões de relacionamento, ou seja, se o time de *marketing* não entende sua base e a forma correta de se relacionar com ela, somente estaremos automatizando o erro.

O departamento de *marketing* é que definirá qual é o interesse de determinado grupo de *leads*, se o tom da conversa deve ser descontraído ou formal, se os *leads* devem ser nutridos com conteúdo ou receber uma abordagem de vendas. A ideia central é conversar com cada grupo de forma personalizada, chegando o mais próximo possível do que seria um trabalho manual, evitando desperdiçar potenciais clientes com uma abordagem de vendas precoce e mal pensada e, também, não deixando boas oportunidades de negócios passarem.

Mesmo assim, não basta somente automatizar o fluxo. Vai ser preciso acompanhar eventuais respostas, responder e encaminhar dúvidas e melhorar seus fluxos sempre que possível. Lembre-se de que quanto mais pessoas interagirem com seus *e-mails*, mais você terá atingido seu objetivo.

ERRO 2: NÃO PENSAR NA JORNADA DE COMPRA

Uma boa forma de saber o quão vendedor você deve ser é conhecer a jornada de compra dos seus clientes. Dito isso, esperamos ter transmitido a importância de pensar em médio prazo, na construção de um relacionamento de verdade, que faça o *lead* encontrar em sua solução uma forma de alcançar sucesso. A ideia é fornecer informações para que o *lead* avance na jornada de compra o mais rápido possível e, por fim, mostrar que você tem a melhor solução para ele. Se você tentar vender antes desse momento, uma pequena parte do mercado comprará, enquanto a maioria restante deixará de ler seus próximos *e-mails*, pois precisa entender melhor sua necessidade antes efetivar a compra.

ERRO 3: NÃO MIRAR/SEGMENTAR A BASE

É importante entender que *leads* possuem interesses e momentos diversos e que conversar com todos da mesma forma não trará bons resultados. Para personalizar a comunicação, precisamos segmentar a base da melhor forma. Isso nada mais é do que agrupar *leads* com características semelhantes. Pode-se afirmar que quanto mais segmentada estiver a comunicação, melhor você conseguirá transmitir e captar valor de seus *leads*.

No caso da automação de *marketing*, o que precisamos agrupar são *leads* que tenham interesse na mesma solução e que estejam no mesmo momento de sua jornada de compra. Com isso em mente, já sabemos sobre o que falar e o quão vendedor pode ser o teor do *e-mail*.

Obviamente, cada *lead* evolui a seu tempo, por isso, use segmentações e gatilhos que lhe permitam entender quais *leads* têm avançado e quais não. Com base nisso, você definirá quando um fluxo sai ou entra em cena no relacionamento com aquele grupo.

COMO UTILIZAR O FLUXO DE NUTRIÇÃO EM MINHA EMPRESA (PASSO A PASSO)

Não há restrição de uso; toda empresa tem a possibilidade de utilizar fluxos de nutrição como parte da estratégia de *inbound marketing*. Basicamente, cinco passos podem ser seguidos para um uso correto e que gere resultados.

1. IDENTIFICAÇÃO DA *PERSONA* E ENTREVISTA COM CLIENTES

Primeiramente, identifique quais são as *personas* de seu negócio com base em seus clientes atuais (se sua empresa ainda não tiver clientes, você pode pressupor quem eles são). A partir disso, faça um desenho do perfil e das necessidades mais comuns dessa *persona* e crie hipóteses de quais conteúdos poderiam ajudá-la em cada etapa da jornada de compra (próximo passo).

Como ninguém quer ficar apenas "acreditando" que as hipóteses estão certas, marque entrevistas com atuais clientes (e até mesmo com *leads* que estejam passando pelo processo) para validar se o que você supõe está correto ou não e para coletar informações relevantes do próprio entrevistado.

2. MAPEAMENTO DA JORNADA

A jornada de compra é o caminho que determinado perfil de comprador percorre antes de comprar. Ao entender a jornada de compra de seu cliente, você sabe que tipo de informação é mais importante para ele e o momento em que essa informação é mais importante. A conversa fica muito melhor, já que ele recebe as informações no momento certo.

Essa jornada pode ser dividida em quatro etapas. São etapas pelas quais todos os compradores passam, na maioria das vezes sem nem mesmo saber que estão passando por elas.

APRENDIZADO E DESCOBERTA: esta é a primeira etapa do processo de compra. Nela, o comprador ainda não sabe muito bem que tem um problema ou oportunidade de negócio. Assim, o objetivo, nesta etapa, é despertar o interesse dele por algum assunto e fazê-lo perceber que tem um problema ou uma boa oportunidade de negócio.

RECONHECIMENTO DO PROBLEMA: nesta etapa, o comprador identifica que tem um problema/oportunidade de negócio e começa a pesquisar mais sobre isso e buscar possíveis soluções.

CONSIDERAÇÃO DA SOLUÇÃO: nesta etapa, o comprador já identificou algumas possíveis soluções para resolver aquele problema e começa a avaliar as alternativas para resolvê-lo. Aqui, é importante conseguir criar um senso de urgência grande. Caso contrário, o comprador vai identificar que tem uma solução para o problema dele, mas não vai se empenhar tanto assim para resolvê-lo.

DECISÃO DE COMPRA: nesta última etapa, o comprador já está comparando as opções disponíveis e pesquisando qual delas é a melhor para seu contexto. É importante, nesta etapa, ressaltar os diferenciais competitivos de cada uma das soluções.

3. ENTREGA DO CONTEÚDO

Se o *lead* acabou de conhecer sua empresa e demonstrou um pequeno interesse pelo tema que você aborda, você deve enviar conteúdos mais gerais para despertar nele um maior interesse por aquele assunto. Agora, se ele já se interessou bastante pela empresa e até fez um pedido de orçamento, o conteúdo deve ser outro. Não faz sentido ele receber conteúdos amplos, e sim algo mais direto, que o ajude a decidir-se por sua empresa, como *cases* de sucesso ou comparações com outros produtos.

4. PREENCHIMENTO DE PLANILHA DE AUTOMAÇÃO

Como o principal papel das campanhas de automação é ajudar o *lead* a avançar sozinho no processo de compra, é muito mais produtivo (e fácil) ter uma campanha completa, que pegue o *lead* logo no início do processo e leve-o até o momento da compra. Ter várias campanhas incompletas só vai deixar sua vida mais complicada, já que nenhuma vai percorrer todo o processo.

Para ajudá-lo no planejamento das campanhas, nós, da Resultados Digitais (2015?), montamos uma planilha de automação de *marketing*. Construímos a planilha de uma maneira bem intuitiva, a fim de guiá-lo no planejamento de cada uma das campanhas, do início ao fim.

5. UTILIZAÇÃO DE FERRAMENTA DE AUTOMAÇÃO

Depois de fazer o *download* da planilha e pensar em sua estratégia de automação de *marketing*, é hora de planejar e implementar a campanha. Porém, fazer todo o processo de segmentação e envio dos *e-mails* manualmente é algo extremamente trabalhoso e ineficiente. Uma ferramenta automatizada de *marketing* digital, ao contrário, traz eficiência, inteligência e resultados muito melhores do que campanhas tradicionais de *e-mail marketing*.

O uso de um *software* o ajudará a ter mais agilidade no andamento de sua estratégia, especialmente na configuração das campanhas de automação. A Resultados Digitais tem seu próprio *software* de automação de *marketing*, o RD Station (2015). Temos, inclusive, vários *cases* de clientes (de vários tamanhos) que atingiram grandes objetivos com a utilização de um fluxo de nutrição por meio do *software*. Veja, a seguir, três exemplos.

CASE 1
OTIMIZAÇÃO DE CONVERSÕES DO FUNIL (ELSEVIER)

SEGMENTO: Publicações

TAMANHO: Grande

OBJETIVO(S): Otimizar conversões do funil + Vender para *leads*

SOBRE A EMPRESA

Para uma empresa B2B que trabalha com negociações de alto valor, é importante garantir que seus potenciais clientes tenham acesso à informação certa e, assim, tornar o processo de venda mais barato e rápido.

A Elsevier é uma tradicional empresa holandesa que trabalha com publicações de literatura médica e científica. Ela está presente no Brasil desde 1976 e é uma das principais editoras dentro de sua área de atuação.

Por trabalhar com negócios de alto valor, o processo de compra normalmente é longo. Como em grande parte das empresas B2B, seu principal canal de comunicação com os potenciais clientes é o *e-mail*. Ao longo tempo, a empresa construiu uma base de *leads* muito grande, no entanto, ainda não havia desenvolvido uma estratégia que lhe permitisse relacionar-se com clientes em cada estágio da jornada de compra.

O QUE FOI FEITO

Como usar o relacionamento para vender mais?

Em primeiro lugar, foi necessário que a empresa identificasse os diferentes estágios de compra e segmentasse sua base. A empresa tinha uma base enorme de clientes, mas não sabia muito sobre eles além do endereço de *e-mail*. Assim, foi preciso enviar *e-mails* com diferentes tipos de conteúdo para identificar o interesse de cada pessoa.

Quando a base foi segmentada, a empresa usou essas informações para começar uma conversa com *leads* em diferentes estágios do funil, criando gatilhos para os disparos de *e-mail*. Com base em onde o *lead* clicava no e-mail, ele tinha esse dado armazenado para mapear seu interesse e deixar seu perfil ainda mais completo.

Quando era detectado que o *lead* já estava em um estágio avançado, ele era enviado para o time de vendas. Ao mesmo tempo, o *lead* recebia um *e-mail* comparando o produto da Elsevier com o de seu concorrente, com o objetivo de destacar seus diferenciais.

As ferramentas usadas pela empresa foram:

- base de *leads*;
- segmentação;
- automação de *marketing*;

- análise.

RESULTADOS

A empresa descreveu a estratégia como um grande aprendizado para o time de *marketing*. Uma série de números que não eram monitorados anteriormente (p. ex., o fluxo de *leads* ao longo do *pipeline*) começaram a ser acompanhados. Além de deixar os clientes mais próximos e melhorar o conhecimento deles sobre seu produto por meio da nutrição, a empresa conseguiu medir bons resultados em suas estratégias de *e-mail* após a segmentação.

CASE 2
AUMENTO DA PRODUTIVIDADE (PONTEIRAS RODRIGUES)

SEGMENTO: Indústria

TAMANHO: Grande

OBJETIVO(S): Aumentar produtividade + Diminuir CAC

SOBRE A EMPRESA

Para grandes indústrias que já possuem um processo de prospecção e venda implantado e funcionando há anos, conseguir promover uma mudança interna envolve uma série de pessoas e gera um impacto interno. No entanto, permanecer em um processo sem pensar em melhorias pode afetar ainda mais a empresa.

A Ponteiras Rodrigues é uma das fabricantes de autopeças líderes de mercado, com atuação desde 1981. Apesar da posição privilegiada, a empresa estava buscando maneiras de aumentar a produtividade, principalmente no processo de geração e qualificação de *leads* com foco B2B. Até aquele momento, tudo estava sendo feito de forma manual, com prospecção via telefone, em um modelo com alto custo e pouco escalável.

O QUE FOI FEITO

Como aumentar a produtividade com uma segmentação de *leads* e qualificação mais inteligente?

A empresa já havia começado uma estratégia de *marketing* digital, no entanto, todos os *leads* que chegavam até ela por esse canal eram abordados pela equipe de vendas. Assim, a equipe gastava tempo entrando em contato com *leads* que não apresentavam potencial de compra ou que eram clientes finais. Para resolver esse problema, a empresa implantou algumas segmentações, pelas quais era possível separar os *leads* gerados.

Todos os *leads* que chegavam até a empresa passaram a ser direcionados ao próximo passo mais adequado. Aqueles que tinham um perfil de consumidor final eram direcionados para as lojas onde poderiam encontrar os produtos que estavam procurando. Os que tinham um bom potencial de compra entravam em um fluxo de nutrição focado na venda de produtos da empresa, com o objetivo de prepará-los para uma abordagem comercial. Apenas quando já estavam nutridos com as informações certas os *leads* que demonstraram interesse eram enviados à equipe comercial.

Ao mesmo tempo, para aumentar o volume de *leads* gerados, a empresa apostou na criação de *landing pages* e em estratégias de promoção de suas ofertas em diferentes canais.

As ferramentas usadas pela empresa foram:

- *landing pages*;
- segmentação de *leads;*
- automação de *marketing*;
- análise.

RESULTADOS

Desenhar um processo de segmentação que permitisse uma qualificação mais precisa dos *leads* ajudou a empresa a reduzir em 60% seu custo de qualificação de *leads* e garantiu que os vendedores investissem seu tempo apenas nos *leads* com alto potencial de compra. Além disso, com as *landing pages* e o processo de nutrição de *leads*, o número de vendas realizadas mensalmente pela empresa cresceu cerca de 575%, saindo de um número estável de 20 para 135 novos clientes por mês.

CASE 3
GERAÇÃO DE RESULTADOS PARA CLIENTES (LINCE MARKETING DIGITAL)

SEGMENTO: Agência

TAMANHO: Pequeno

OBJETIVO(S): Gerar resultados para clientes

SOBRE A EMPRESA

Uma das maiores preocupações atuais das agências que prestam serviços de *marketing* digital é desenvolver uma estratégia de qualidade e que traga resultados de venda para seus clientes. Para atingir esse objetivo, é cada vez mais necessário possuir as ferramentas adequadas, entender o negócio do cliente e traçar um plano concreto de geração de oportunidades.

Dentro desse cenário está a Lince, agência de *marketing* digital focada em trazer resultados mensuráveis a seus clientes. A agência começou a atender seu cliente Brazsoft, empresa cuiabana que desenvolve *software* de gestão rural, com um objetivo específico: iniciar um projeto de *inbound marketing*, buscando gerar mais *leads* e conseguir mais clientes.

O QUE FOI FEITO

Como entregar valor para seu cliente por meio do *marketing* digital?

Os serviços de *marketing* digital da Lince iniciaram com uma estratégia de SEO, focada principalmente na melhoria do posicionamento orgânico do *site* da empresa e na atração de *leads*. Como atrair visitantes não era o suficiente, pois era preciso convertê-los também, foi criada uma série de *landing pages* com diversos temas, inclusive oferecendo uma versão gratuita do *software* da Brazsoft.

Para captar *leads* de diversas etapas do funil, foram trabalhados diferentes meios de atração. Um deles foi o desenvolvimento de campanhas no Google AdWords, com o objetivo principal de atrair *leads* que já estivessem mais próximo do momento de compra. Além disso, *calls-to-action* foram posicionados no *site* da empresa para captar os visitantes.

Após converter os visitantes em *leads*, a agência também se preocupou em entregar esses *leads* tão preparados para a abordagem comercial quanto fosse possível. Para isso, foram preparados fluxos de automação baseados no momento de compra de cada contato gerado, sempre direcionando-o para mais conteúdos personalizados de acordo com seu interesse.

As ferramentas usadas pela empresa foram:

- *landing pages*;
- segmentação de *leads*;
- automação de *marketing*;
- análise.

RESULTADOS

Com a implementação da estratégia de *inbound marketing* e automação de *marketing*, a empresa tinha a meta de aumentar em 20% o número de vendas no ano. No entanto, o resultado alcançado foi muito acima disso: a Brazsoft aumentou em 85% o número de vendas de 2013 para 2014, época em que a estratégia foi implementada. A redução do custo por *lead* (CPL) foi de 82%, gerada pela entrega de *leads* mais qualificados e pela diminuição de gastos com visitas pessoais e *telemarketing*.

Como responsável pela estratégia da Brazsoft, a agência Lince conseguiu se tornar um parceiro que entrega resultados concretos de venda para seu cliente, criando um vínculo forte entre empresa e agência e elevando a satisfação de ambos com o serviço prestado.

REFERÊNCIAS

DEEP DIVE. *Measuring the impact of lead nurturing on the sales pipeline*. Pleasanton: Gleanster, 2010. Disponível em: <http://www.gleanster.com/report/measuring-the-impact-of-lead-nurturing-on-the-sales-pipeline>. Acesso em: 21 nov. 2015.

MARKETO. *Lead nurturing*. [S.l.]: Marketo, 2015. Disponível em: <http://www.marketo.com/lead-nurturing/>. Acesso em: 21 nov. 2015.

NORTH, J. *Everything you know about marketing is wrong*! [S.l.]: Envolve Instant Author, 2015.

RD STATION. *Completo, não complexo*. [S.l.]: Resultados Digitais, 2015. Disponível em: <http://www.rdstation.com.br/>. Acesso em: 21 nov. 2015.

RESULTADOS DIGITAIS. *Planilha grátis*: automação de marketing. [S.l.]: Resultados Digitais, [2015?]. Disponível em: <http://materiais.resultadosdigitais.com.br/planilha-controle-automacao-de-marketing/>. Acesso em: 21 nov. 2015.

ZARRELLA, D. *How to get more clicks on Twitter*. [S.l.]: Dan Zarrella, [2015?]. Disponível em: <http://danzarrella.com/infographic-how-to-get-more-clicks-on-twitter.html>. Acesso em: 21 nov. 2015.

CAPÍTULO 09
QUALIFICAÇÃO DE *LEADS* POR PRÉ-VENDAS

THÉO OROSCO
EXACT

O QUE É PRÉ-VENDAS?

As pré-vendas são um motor de coleta de dados profundos, extraídos sem sair de dentro da empresa, ou seja, é a montagem de um sistema estruturado capaz de chegar ao decisor ou influenciador de compra, engajá-lo em uma conversa arquitetada ao telefone, ganhando autoridade sobre assuntos específicos, e extrair informações ricas dele (técnicas, numéricas ou de posicionamento, por exemplo). Esse trabalho tem três funções prioritárias, que serão descritas a seguir e detalhadas no decorrer deste capítulo.

QUALIFICAR O CLIENTE POTENCIAL (O *LEAD*), entendendo seu momento de compra e o quanto ele está educado para iniciar um processo de vendas de fato.

DETECTAR A DOR DO *LEAD*, entendendo o que exatamente deve ser ofertado a ele (tendo como premissa que cada produto ou serviço pode ofertar um grande número de soluções para diferentes dores) e aumentando a eficiência das reuniões de vendas, ou seja, transformando mais reuniões em vendas.

APROFUNDAR DADOS DE MERCADO, gerando dados (*inputs*) para cruzamento posterior e, assim, um estudo de inteligência mercadológica, bem como conhecendo melhor o mercado e as oportunidades de evolução da empresa e do produto.[1]

---

1 Em alguns fluxos de venda, esta função é chamada de *sales development representative* (SDR). Basicamente, o conceito de SDR está intimamente relacionado com o de pré-vendas qualificativa e, em muitos casos, os termos podem, de fato, ser considerados quase sinônimos. Porém, o SDR não necessariamente representa as bases de um sistema de pré-vendas, já que pode ser, por exemplo, uma equipe de ligações frias (*cold calls*) com preocupação com volume, e não com qualidade.

POR QUE USAR PRÉ-VENDAS EM MINHA EMPRESA?

Um sistema profissional de pré-vendas pode trazer uma série de benefícios tangíveis e intangíveis para as empresas que souberem utilizar essa arma. Os principais benefícios tangíveis serão listados a seguir.

AUMENTO DA EFICIÊNCIA DE VENDAS: sabendo o momento correto e o que se deve oferecer exatamente ao *lead*, a tendência é atingir uma melhor conversão das oportunidades abertas (*leads* filtrados e que iniciaram um processo de vendas) em clientes.

DIMINUIÇÃO DO CAC: com uma melhor eficiência, a tendência é diminuir os custos mais impactantes do processo, tais como deslocamento, hospedagem, testes, orçamentos, etc.

REDUÇÃO NO TEMPO DE NEGOCIAÇÃO: com uma detecção mais acurada das dores que o *lead* está sentindo e do momento correto para iniciar o processo de vendas e, ainda, com um aumento do foco do vendedor em empresas maduras, a tendência é que se consiga reduzir o tempo de negociação no processo de vendas.

AUMENTO DO FATURAMENTO: como consequência lógica dos benefícios listados, chega-se ao aumento do faturamento. Principalmente com uma melhor conversão e uma redução no tempo de negociação, esse aumento torna-se um caminho natural.

Além dos benefícios tangíveis, o sistema de pré-vendas traz para as empresas uma série de benefícios intangíveis fundamentais, como os descritos a seguir.

MELHOR ENTENDIMENTO SOBRE SEU MERCADO: se entrarmos em contato com um grande número de *players* de um mercado e estivermos estruturados para engajá-los em uma conversa aprofundada (extraindo dados ricos), poderemos entender melhor as questões técnicas que nosso mercado considera importantes, verificando oportunidades de adequação ou de novos produtos/serviços.

DETECÇÃO DO MOMENTO EXATO EM QUE O *LEAD* SE ENCONTRA: venda é educação, entretanto, ao educar alguém, é necessário entender se este alguém de fato precisa ser educado e sobre qual assunto é preciso educar (normalmente, temos uma vasta gama de assuntos que podem ser trabalhados, porém, nem todos são interessantes para todos os *leads*). Assim, com uma pré-vendas estruturada, que extraia dados ricos, torna-se mais exato o entendimento do momento em que o *lead* se encontra em termos de educação e evita-se que se acabe tentando ensinar o padre a rezar missa.

ONDE ESTÁ LOCALIZADA A PRÉ-VENDAS NO PROCESSO DE VENDAS?

Gosto de dividir o funil de vendas em cinco "ção", em que a pré-vendas fica localizada em uma etapa do meio, denominada segmentação. Para ficar mais simples, vamos falar rapidamente sobre cada um desses "ção".

ATRAÇÃO

Esta etapa se concentra em trazer o *lead* até um primeiro contato com sua empresa. Basicamente, podemos ter duas estratégias principais neste momento, descritas a seguir.

ATRAÇÃO ATIVA: é quando você busca o *lead*, por meio de uma busca no Google ou em uma lista, por exemplo. É fundamental, neste momento, que você entenda muito bem as estratégias, mensurando-as e buscando selecioná-las com melhor desempenho.

ATRAÇÃO PASSIVA: é quando o *lead* busca sua empresa, seja procurando um tema específico, chegando até sua empresa por ganho de autoridade na rede ou buscando sua empresa e clicando em um *link* patrocinado, por exemplo. Você pode encontrar mais detalhes sobre isso no Capítulo 7.

SEGMENTAÇÃO

É nesta etapa do funil que se localiza a pré-vendas. É quando será feito o trabalho que está sendo detalhado neste capítulo: coleta de dados ricos para a qualificação (entendimento de quem está pronto para avançar), detecção das dores de cada *lead* e geração de informações para abastecer sua inteligência mercadológica.

NUTRIÇÃO

Esta é uma etapa de apoio, chamada também de fluxo de descarte. Nesta etapa, os *leads* que não estiverem prontos para seguir em uma negociação de vendas serão educados com base nas dores que sentirem. Ou seja, vamos educá-los para que posteriormente entendam melhor suas dores e as consequências delas em seu negócio e tornem-se *leads* prontos para tracionar e vender.

TRAÇÃO

Nesta etapa, será apresentada a solução para o possível cliente. Os aspectos técnicos necessários serão trabalhados e negociados para que se evolua a um fechamento de vendas. Esta etapa será mais bem detalhada no próximo capítulo.

RETENÇÃO

A quinta e última etapa diz respeito ao cuidado que devemos ter com nossa cartela de clientes, tanto para manter sua recorrência de compra quanto para praticar estratégias de *cross-selling* (basicamente, vender produtos complementares ao adquirido) e *up-selling* (basicamente, "subir" o cliente para produtos e serviços com maior valor agregado).

ONDE SURGIU A PRÉ-VENDAS E QUAIS SÃO SUAS PRINCIPAIS REFERÊNCIAS?

O conceito de pré-vendas é derivado de uma evolução do antigo sistema de *cold calls*, seguindo a ordem cronológica exposta a seguir.

COLD CALLS: são ligações de contato inicial a clientes potenciais, buscando uma intenção fria de compra. Ou seja, são ligações em que se apresenta rápida e superficialmente o produto e se pergunta ao cliente se ele quer uma visita ou se tem interesse de compra (neste caso, inicia-se uma venda).

PRÉ-VENDAS 1 (QUALIFICAÇÃO): a partir da constatação de que a mera intenção de compra estava longe de classificar um *lead* como potencial cliente interessante de fato (e de que a falta de diferenciação inflava o time de vendas, tirava o foco da equipe nos melhores *leads*, elevava o CAC, entre outros pontos críticos), fez-se necessário separar o joio do trigo nessas ligações, transformando *cold calls* em consultoria em pré-vendas e buscando entender quais *leads* estavam em um bom momento para iniciar uma negociação de venda, a fim de melhorar a conversão e diminuir o CAC.

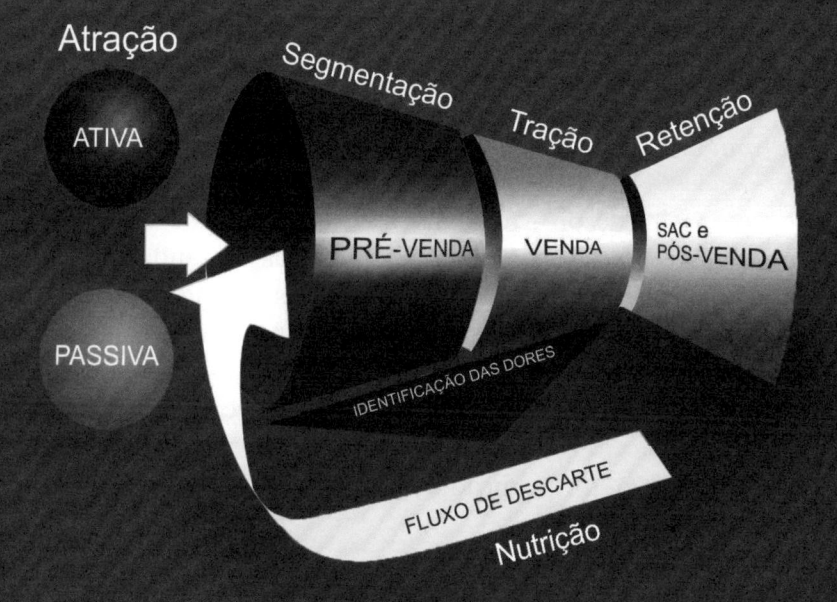

Figura 9.1 – Imagem ilustrativa de funil com os cinco "ção".
Fonte: o autor.

PRÉ-VENDAS 2 (DETECÇÃO DE DOR): entrando em contato com o cliente e tendo um time de pré-vendedores treinados, pode-se aproveitar o contato telefônico para entender qual é a principal dor do cliente, permitindo tanto explorar essa dor em um momento de venda quanto educar o cliente em relação à dor por meio de fluxos de nutrição.

PRÉ-VENDAS 3 (COLETA DE DADOS RICOS PARA INTELIGÊNCIA MERCADOLÓGICA): se você falará com um grande número de *leads* de seus mercados potenciais buscando aprofundar tecnicamente sua conversa, não existe momento melhor para coletar dados ricos dos clientes e gerar inteligência mercadológica, auxiliando equipes de engenharia, P&D, *marketing*, *business intelligence* (BI) e até mesmo a diretoria.

O conceito de pré-vendas é relativamente novo e decorre da mistura de bases sólidas de filosofias de vendas, desde as mais clássicas, como as encontradas no conceituado livro *Spin Selling* (publicado em português com o título *Alcançando excelência em vendas para grandes clientes*), de Neil Rackham (2011), até as mais recentes, como as do livro *Predictable Revenue* (até o momento de publicação desta obra, não havia edição em português), de Aaron Ross e Marylou Tyler (2011).

No livro *Spin Selling* (RACKHAM, 2011), há um grande direcionamento para perguntas que nos levam a entender bem o *lead* antes de oferecer a ele de fato nossa solução, sendo esta a base do que propõe o conceito de pré-vendas. O livro divide as perguntas que se deve fazer a um *lead* em quatro tipos:

PERGUNTAS DE SITUAÇÃO: são perguntas de entendimento superficial ou de dados antecedentes. Hoje, essas perguntas podem ser respondidas de maneira passiva, tanto por investigação *on-line* quanto por estratégias de *inbound marketing*.

PERGUNTAS DE PROBLEMA: buscam necessidades implícitas, procurando entender as necessidades, as dificuldades e a insatisfação de maneira geral. Neste momento, é preciso aprofundar-se no *lead*. Antigamente, essas perguntas eram feitas pelo próprio vendedor, porém, com o tempo, foi-se vendo que isso era caro e ineficiente, surgindo, assim, a pré-vendas, que hoje é a responsável por realizar e analisar esta etapa.

PERGUNTAS DE IMPLICAÇÃO: neste ponto, a ideia é buscar dores latentes como respostas a essas perguntas de implicação, entendendo quais pontos serão abordados no momento da venda e o remédio que de fato será oferecido ao possível cliente. Seguindo a mesma lógica das perguntas de problema, antigamente essas perguntas também eram feitas pelo próprio vendedor, porém, com o tempo, foi-se vendo que isso era igualmente caro e ineficiente. Hoje, a pré-vendas é a grande responsável por esta tarefa, passando o bastão para o vendedor chegar extremamente preparado na próxima etapa.

PERGUNTAS DE NECESSIDADE: neste ponto, quando o possível cliente tem uma dor latente, o vendedor é responsável por realizar perguntas de necessidade de solução, encorajando o *lead* a concentrar-se em soluções. O vendedor descreve benefícios e, assim, leva esse *lead* a virar de fato um cliente! Vamos abordar mais profundamente este ponto no próximo capítulo.

Figura 9.2 – Capa da edição em português do livro de Neil Rackham.
Fonte: Rackham (2011).

QUEM DEVE USAR PRÉ-VENDAS?

A pré-vendas serve para todos os tipos de empresa? Essa é uma pergunta constante e extremamente pertinente que pode ser facilmente respondida quando pensamos na lógica desse conceito e do impacto dele em seu sistema.

O conceito de pré-vendas deve ser usado por empresas que trabalhem com vendas complexas, ou seja, que possuam um custo pesado em ações de fechamento (quando avaliado o CAC), tendo desde visitas presenciais até orçamentos unitários, pré-projeto e *trials*. Normalmente, estaremos falando de vendas B2B ou B2C de alto valor agregado, que envolvam questões mais técnicas e que tenham a característica de uma compra mais pensada, não sendo movida por impulso. Além disso, a empresa deve trabalhar com um *lifetime value* (LTV) – que é o que você fatura com um cliente durante todo o ciclo de vida dele com sua empresa – um pouco mais elevado. Utilizando uma generalização, o LTV deve girar em uma média superior a 5 mil reais.

QUAIS SÃO OS PRINCIPAIS ERROS EM PRÉ-VENDAS QUE AS EMPRESAS COMETEM?

Montar um time de qualificação de *leads* eficiente é um trabalho minucioso e bastante complexo. Existem diversos erros que podem ser cometidos nesse caminho e é sempre importante que se estude muito. Assim, é possível entender que esse processo deve seguir um passo a passo, indo desde o estabelecimento de premissas estratégicas – como o pivotamento de mercados e o estabelecimento de apelos segmentados –, passando por premissas táticas – como o desenho de um funil de vendas – e chegando até premissas operacionais, selecionando, por exemplo, os processos diários, os pontos de análise, os gatilhos mentais, as metas e os *softwares* que suportaram o processo.

A seguir, serão apresentados os principais erros cometidos por empresas que buscam estabelecer um setor de pré-vendas.

CONCLUSÃO INTUITIVA

Concluir o quão qualificado está um *lead* não é algo que deva ser feito de maneira intuitiva. Esse momento é muito importante, e ficar apenas nas mãos da inteligência e do bom senso dos profissionais de pré-vendas pode ser uma cilada, tanto por eles estarem vulneráveis a erros quanto pela curva de aprendizado que será necessária caso se contrate um novo funcionário para a função. Dessa forma, *softwares* que sistematizem esse processo são fundamentais para estabelecer um desempenho seguro e para reduzir curvas de aprendizado.

CONCLUSÃO ELIMINATÓRIA

Para entender se um *lead* está pronto ou não, é essencial que consideremos um cruzamento de fatores que, por sua vez, representem indícios de uma conclusão. Embasar nossa conclusão em uma ou duas perguntas de eliminação é entender seu *lead* de maneira superficial demais.

Utilizamos como ferramentas para esse cruzamento técnicas de *lead scoring*, que possibilitam dar uma nota para o *lead* baseada no cruzamento de fatores. Os *softwares* de pré-vendas têm papel fundamental na automatização desse *scoring*, gerando conclusões rápidas e com eficiência facilmente mensurável.

TENTATIVA DE VENDA AO TELEFONE

A pré-vendas deve ser encarada como uma forma de poupar o tempo tanto de sua empresa como de seu *lead*, por meio do conhecimento prévio profundo. Entretanto, as pessoas tendem a fechar as portas ao telefone quando se busca extrair dados muito profundos. Isso ocorre principalmente se você não respeita algumas premissas básicas. A combinação dessas premissas com técnicas de troca de informação por engajamento garante para os clientes da Exact, por exemplo, uma conversão média acima de 90% entre os contatos feitos por telefone e o preenchimento completo dos filtros.

Dentre tais premissas, uma das mais importantes – se não a mais – é a de não vender no primeiro momento; entenda que essa é a hora de trocar informações e se mostrar conhecedor de pontos específicos. Nesse momento, não fale de preço nem do quanto seu produto vai ser bom para o cliente, pois a chance de você fechar as portas e encerrar a conversa será grande. Em média, para cada pessoa que se engaja em um assunto de vendas no primeiro contato, cerca de nove fecham as portas por completo.

SUBUTILIZAÇÃO DA ÁREA

Os custos de utilizar a pré-vendas como um sistema apenas de qualificação, como um sistema que avança para a detecção de dores ou como um sistema de inteligência mercadológica são muito similares. Assim, use sua pré-vendas de modo que aproveite tudo o que ela pode lhe trazer de benefícios. O pulo entre o primeiro estágio da pré-vendas e o último está no conhecimento, na montagem de processos e na utilização das ferramentas corretas.

FOCO EM VOLUME, E NÃO EM QUALIDADE DE VISITAS

Apesar de parecer óbvio que o enfoque deve ser a qualidade, não é difícil encontrarmos empresas com uma área de prospecção ativa (SDR ou *cold calls*) com metas de número de visitas ou mesmo número de ligações. A meta, neste momento, deve ser o número de oportunidades reais de fechamento ou uma meta compartilhada de vendas. Um bom sistema neste ponto não visa lotar a agenda de um vendedor, e sim colocar o máximo de oportunidades de uma maneira que ele ainda consiga fazer um trabalho bem feito de acompanhamento.

QUAL É O PANORAMA DAS EMPRESAS BRASILEIRAS QUANTO A PRÉ-VENDAS?

Atualmente, no Brasil, o time comercial da maioria das empresas trabalha com um sistema de vendas ativas, buscando entender o interesse frio de compra via telefone (*cold calls*), ou seja, liga para um contato inicial (para um *lead*), fala um pouco sobre o produto ou o serviço que pretende ofertar e verifica se o contato deseja iniciar uma conversa para aquisição. Caso o *lead* queira iniciar essa conversa, é marcada uma visita ou reunião (presencial, por videoconferência, por teleconferência) com o vendedor, iniciando-se uma negociação de venda. Por fim, quando a venda é complexa, começam os processos inerentes a esse tipo de venda, até que se chegue ao fechamento. São processos custosos, como orçamentos unitários, planejamentos unitários de projeto, amostras e *trials* de produto, pré-projeto, análises técnicas, etc.

Ainda, a maioria das empresas concentra todas as atividades supracitadas nas mãos de uma pessoa específica – o supervendedor! Esse supervendedor é normalmente o responsável por buscar o contato, ligar para ele verificando essa intenção fria, marcar a visita, fazer a visita, negociar, cuidar dos processos de venda, fechar o negócio e, depois, em vários casos, cuidar do pós-venda.

A seguir, vamos tentar entender os principais problemas que uma equipe comercial similar à supracitada está gerando.

NEM TODOS QUE TÊM INTERESSE ESTÃO DE FATO PRONTOS PARA COMPRAR

Um simples interesse de compra baseado em informações superficiais sobre um produto ou um serviço está longe de caracterizar um *lead* como um potencial cliente interessante de fato, principalmente em vendas complexas. É necessário que entendamos melhor o que configura esse interesse do cliente, que aprofundemo-nos mais tecnicamente nas informações e que apreendamos a combinação de fatores de cada cliente que o caracteriza como um *lead* realmente pronto para comprar.

A melhor forma de trabalhar com essa combinação de fatores é utilizando o conceito de acúmulo de pontos por variáveis analisadas, por meio de uma combinação automatizada (*lead scoring*). Decodificando: devemos elencar os pontos fundamentais para classificar um cliente como ideal, entendendo o peso de cada variável (o quanto cada ponto influencia para ele ser caracterizado dessa forma) e atribuindo uma nota final ao *lead*. Assim, é possível estabelecer uma linha de corte (a nota final com que aceitamos trabalhar), automatizar as combinações e entender quais *leads* estão prontos para avançar nas etapas de maneira rápida e eficiente.

Esse *scoring* possui duas divisões básicas quanto ao tipo, que serão descritas a seguir.

SUPERFICIAL: *scoring* obtido por meio de informações segmentadas, como mercado e cargo, podendo ser combinadas com questões como engajamento por interações (ou seja, quantas vezes o *lead* acessou seu *site*, quantas vezes baixou um material em seu *blog*) – em que cada tipo de material pode ter um peso –, entre outras técnicas. Normalmente, é utilizado sozinho em vendas simples. Em alguns casos, pode ser a etapa inicial para um posterior *scoring* profundo.

PROFUNDO: *scoring* obtido por meio de coleta de dados ricos por um sistema de consultoria em pré-vendas (interação humana sistematizada). Podemos, neste momento, considerar dados numéricos, posicionamento de mercado, hierarquia de decisão, informações técnicas, plano de destinação de verba, entre outros fatores bastante aprofundados. Ou seja, o *scoring* é obtido por uma conversa semiestruturada com seu *lead*, sem o intuito de vender, a partir de diferentes técnicas, como a combinação de engajamento e aprofundamento e a técnica de gatilhos mentais. São extraídas, assim, informações profundas e técnicas sobre o *lead*, de forma consultiva.

É fundamental que se entenda que o mais importante, neste momento, é estabelecer os fatores corretos de análise, pesá-los no sistema, utilizar boas técnicas de balanceamento de linha de corte e, no caso de detecção profunda, trabalhar com técnicas de estruturação de questionário que busquem engajar o *lead* e coletar dados ricos. Lembre-se de que **este não é o momento de vender**. Acalme-se e não confunda as coisas. Caso você tente vender aqui, existe uma grande chance de o cliente fechar as portas e não fornecer os dados ou, pior, fornecer os dados errados devido à pressão.

SE VOCÊ NÃO ENTENDER A DOR ESPECÍFICA DE SEU *LEAD*, PODERÁ ACABAR OFERECENDO REMÉDIO DE DOR DE CABEÇA PARA QUEM SENTE DOR NAS COSTAS

Parece lógica essa afirmação, porém encontramos esse quadro em grande parte das empresas brasileiras, principalmente nas de tecnologia – onde os produtos normalmente são capazes de trabalhar com um grande número de dores. Vamos entender, neste momento, "dor previsível" como o ponto de preocupação de um cliente potencial, e "dor latente" ou "dor instantânea" como algo que já evoluiu do estágio de preocupação e agora está de fato doendo, consumindo tempo, dinheiro, eficiência ou outra variável importante para o negócio do cliente potencial. Para simplificar, vou citar o exemplo de nosso coordenador de vendas (FREITAS, 2015) em uma das postagens feitas no *blog* de nossa empresa:

DOR INSTANTÂNEA: Por exemplo, se você possui um furo no sapato que deixou seu pé molhado em um dia de chuva, você está sentindo o desconforto de forma latente, então buscará secar os pés e trocar os sapatos.

DOR PREVISÍVEL: Seguindo o mesmo exemplo é como este sapato em dias de sol, você ainda não está sentindo a dor de ter os pés molhados, mas um bom vendedor será capaz de lhe mostrar que se chover isso irá acontecer e que você precisa se prevenir trocando seu sapato.

Após apreendermos o conceito de dores e sua divisão, vamos entender o quão importante é detectar uma dor. A detecção prévia, ou seja, anterior ao início da negociação de vendas, garante que você não perca o tempo de seu vendedor para iniciar um processo de venda de um produto que não conseguirá solucionar a dor do cliente potencial ou que ele não esteja pronto para adquirir. Assim, a detecção prévia de dores impede que você mande seu vendedor tentar vender remédio para dor de cabeça para quem sente dor nas costas. Essa detecção gera economia de dinheiro, uma vez que evita que você gaste com tempo do vendedor, deslocamento, hospedagem, confecção de proposta e de amostra, oferta de *trials*, etc.

Ainda, a detecção prévia é fundamental para selecionar quais características de seu produto serão focadas no momento da venda. Um mesmo produto normalmente é capaz de sanar diferentes dores, entretanto, se você mostrar tudo o que ele pode fazer de maneira geral, a apresentação será muito menos impactante e eficiente do que se você mostrar especificamente como ele pode sanar a dor que o cliente potencial está sentindo naquele momento. Esse trabalho aumenta a assertividade das reuniões e normalmente reduz drasticamente o tempo médio entre a reunião e o fechamento de compra.

A falta de detecção correta de dores ainda pode acarretar maus negócios, nos quais, em alguns casos, você conseguirá chegar à venda, porém o cliente ficará insatisfeito com a utilização do produto ou do serviço, pois não será capaz de sanar a dor que esperava resolver. Muitas vendas são o que chamamos de venda empurrada, ou seja, venda de um remédio que atende a uma dor que o consumidor não sente.

Seu produto/serviço normalmente poderá sanar de sete a 14 dores, porém, lembre-se: **um cliente raramente sente, de maneira impactante, mais de duas dores que seu produto é capaz de solucionar.** Então, concentre sua venda na solução do ponto exato de dor de seu *lead*.

QUANDO VOCÊ ENTRA EM CONTATO COM UM GRANDE NÚMERO DE *LEADS*, TEM UMA GRANDE OPORTUNIDADE DE COLETAR DADOS RICOS. É PRECISO QUE VOCÊ TENHA UM LEGADO, UM BOM REGISTRO

Se você entrará em contato com um grande número de clientes potenciais e aprofundará uma conversa técnica estruturada, esta será uma excelente oportunidade de coletar dados ricos para posteriormente cruzar esses dados e gerar inteligência mercadológica.

Em mercados B2B, principalmente em vendas técnicas, é bastante complexo que uma pesquisa de mercado externa consiga coletar dados aprofundados e técnicos, já que o pesquisador não possui conhecimento quanto ao produto e quanto à tecnologia. Entretanto, o pré-vendedor é um membro interno, com conhecimento sobre o produto e a tecnologia e com a capacidade de engajar os clientes potenciais em uma conversa técnica. Esta é uma oportunidade fantástica de conhecer melhor seu mercado. Assim, se você vai falar com seus clientes potenciais e aprofundar uma conversa técnica, aproveite para **gerar dados** e **iniciar um processo de inteligência mercadológica**.

EM UM PROCESSO DE VENDAS, EXISTEM ESPECIALIDADES DISTINTAS, QUE NECESSITAM DE DISTINTOS PERFIS DE PROFISSIONAIS

Em um processo de vendas, existem etapas totalmente distintas, que devem ser tratadas de maneira especializada e focada. Assim, uma pessoa somente será capaz de cuidar de atração, segmentação e tração de maneira eficiente caso ela consiga vestir diferentes personagens. Para atrair e segmentar, é necessário um perfil consultivo, de alguém capaz de trocar informações técnicas. Já para tracionar vendas, é necessário um perfil mais caçador, de alguém capaz de explicitar uma dor e explorá-la e conduzir o potencial cliente à decisão de compra.

Utilizamos como exemplo o paralelo entre *spotter* e *sniper*, em que o *spotter* (pré-vendedor) deve ser capaz de avaliar o ambiente, levantar dados e preparar o *sniper* (vendedor) para dar o tiro certeiro. O *sniper* deve ser capaz de puxar o gatilho sem medo, na hora e na direção milimetricamente corretas.

Em algumas equipes de venda, uma simples criação de áreas, de especialidades e uma adequação de perfis podem fazer completa diferença. A tendência, por exemplo, é que dois vendedores sejam muito mais eficientes se formarem uma dupla com papéis distintos, sendo um responsável por atração e segmentação e outro por tração. Assim, o desempenho da dupla aumenta, em média (com um sistema profissional de pré-vendas), cerca de 23%.

Lembre-se de que, normalmente, **quem quer fazer tudo não faz nada bem feito de fato**. Assim, entenda os perfis e torne-os especialistas.

COMO IMPLEMENTAR A PRÉ-VENDAS EM MINHA EMPRESA (PASSO A PASSO)

Para instalar um sistema profissional de pré-vendas, é necessário que tenhamos atenção a diversos pontos fundamentais, existindo ferramentas de apoio para cada uma das

Figura 9.3 – Imagem ilustrativa do paralelo entre *spotter* (atração e segmentação) e *sniper* (tração).
Fonte: Adaptada de Armas (2013).

etapas. Basicamente, o processo divide-se em três macroetapas: estratégica, tática e operacional.

ESTRATÉGICA

Normalmente, esta etapa inicia por um entendimento estratégico, relativo aos principais mercados que serão trabalhados e aos principais apelos de venda para cada mercado. Devemos, também, compreender as características dos clientes ideais e as informações que pretendemos extrair do mercado. Posteriormente, é fundamental que calculemos, entendamos e acompanhemos quatro questões-chave, descritas a seguir.

CAC: mede os investimentos realizados com o intuito de atrair, segmentar e tracionar o cliente, até chegar ao momento de compra. Devem-se listar tanto custos internos, como salários, quanto externos, como *softwares*.

LTV: é o quanto se consegue faturar durante todo o ciclo de vida do cliente com a empresa.

CHURNING RATE: é a métrica que indica a perda total de clientes para soluções concorrentes ou similares às suas.

PRINCÍPIO DE PARETO: com este princípio, a empresa entende que tipo de cliente gera os melhores resultados para sua empresa, sendo a base de seu faturamento.

TÁTICA

Posteriormente, é necessário que desenhemos taticamente o processo, delineando o funil e o fluxo da venda e entendendo que esse processo possui uma série de passagens de bastão. É preciso desenhar um 5W2H do processo, indicando prazos e responsabilidades.

OPERACIONAL

Por fim, devemos pensar nas questões operacionais: quais *softwares* serão utilizados, como será elaborado o roteiro de abordagem, quais serão as perguntas de ganho de autoridade, quais serão os gatilhos mentais, como o sistema será avaliado, quais serão as pontuações de *scoring*, onde será posicionada a linha de corte, etc.

PANORAMA MUNDIAL

Mundialmente falando, existem diversos *cases* famosos de sucesso na utilização de pré-vendas. Os especialistas norte-americanos em vendas B2B Candace Lun, Homayoun Hatami e Saurabh Mishra realizaram um estudo com empresas líderes de todo o mundo que utilizam um sistema de pré-vendas em sua rotina comercial, compilando os resultados no artigo "To improve sales, pay more attention to presales", publicado pela *Harvard Business Review* no início de 2015.

Segundo o artigo, em pesquisas com empresas líderes mundiais, foi descoberto que as empresas com forte capacidade de pré-vendas conseguem atingir taxas de vitória de 40-50% em novos negócios e 80-90% na renovação. De acordo com o mesmo estudo, empresas que utilizam a pré-vendas tem duas a três vezes mais impacto de geração de receitas sobre a geração de *leads*. O estudo ainda mostra que, em geral, o motor pré-vendas pode render uma melhoria de cinco pontos nas taxas de conversão e de 10-20% na velocidade de fechamento das negociações (HATAMI; PLOTKIN; MISHRA, 2015).

CASE 1
REDUÇÃO DO TEMPO DE NEGOCIAÇÃO E MELHORAS NO FATURAMENTO DE CLIENTES (EXACT)

Em geral, as empresas brasileiras seguem a mesma lógica de resultados do estudo supracitado. Os resultados são bastante impactantes e denotam que a pré-vendas auxilia as empresas no dia a dia.

Os mercados brasileiros que têm obtido os melhores resultados utilizando essa ferramenta são os de tecnologia, serviços complexos e máquinas e equipamentos. Por exemplo, o setor de tecnologia tem atingido, em média, uma melhoria de três vezes no tempo de negociação com o uso de pré-vendas, reduzindo drasticamente o tempo e, consequentemente, o CAC.

Um dos clientes do setor de tecnologia da empresa Exact – pioneira no Brasil em implementação de sistemas profissionais de pré-vendas e fabricante do primeiro *software* brasileiro voltado a pré-vendas – obteve um resultado impressionante em redução no tempo de negociação: a empresa saiu de um panorama de cerca de um ano de tempo de negociação para um cenário de cerca de dois dias entre primeiro contato e a venda.

O mesmo exemplo já se aplicou a diversas outras empresas que compõem o quadro de *cases* de sucesso da empresa Exact e, consequentemente, da pré-vendas no Brasil. Hoje, há *cases* de sucesso nesse sentido com empresas de diferentes portes e setores, como desenvolvimento de *software* ou de aplicativos, recrutamento e seleção, serviços de importação e exportação, entre outros.

Em termos de melhoria de faturamento, a pré-vendas tem atingido resultados muito positivos em pequenas, médias e grandes empresas brasileiras. Com relação aos *cases* de sucesso da empresa Exact, um de seus clientes do setor de *software* alcançou um resultado impressionante. Trata-se de uma pequena empresa com três sócios que atingiu, apenas no primeiro *quarter* (trimestre) do ano de 2015, um faturamento sobre a instalação de um produto quase seis vezes superior ao faturamento de todo o ano de 2014. Já a empresa de tecnologia citada anteriormente como exemplo de redução de tempo de negociação chegou, no primeiro *quarter* do ano de 2015, a repetir o faturamento de todo o ano de 2014, e está caminhando a passos largos para figurar entre os maiores crescimentos do Brasil.

CASE 2
MAIOR CRESCIMENTO DO BRASIL COM A IMPLANTAÇÃO DA PRÉ-VENDAS (WELLE LASER)

SEGMENTO: Tecnologia/Máquinas e equipamentos

SOBRE A EMPRESA

A empresa Welle Laser é uma fabricante nacional de máquinas a *laser*. Atualmente, vende para cerca de 16 mercados diferentes e é líder nacional do segmento de marcação e gravação, tendo iniciado, em 2015 o processo de exportação.

PANORAMA ENCONTRADO

A empresa possuía uma área de *cold calls* que ligava para os clientes e, por um processo intuitivo, avaliava a qualidade e marcava uma reunião. Além disso, a empresa tem uma área de vendas bem estruturada e com excelentes profissionais de campo, todos com formação densa e conhecimento técnico sobre o produto ofertado em termos de engenharia.

SOLUÇÕES UTILIZADAS

A principal solução utilizada foi a transformação da área de *cold calls* em uma área de pré-vendas de fato, por meio da criação de filtros de *lead* por *scoring* – excluindo a intuição do pré-vendedor e tornando o processo seguro e escalável –, da detecção de dores corretas – preparando o vendedor para ser assertivo na ponta – e da coleta de dados ricos para munir *marketing* e engenharia – possibilitando uma decisão mais exata acerca de questões como entrada em novos mercados, alterações em produtos e participações em feiras.

Além disso, foi intensificada a busca ativa por *leads*, com a prototipação de novos mercados e a investigação de quão prontos os *leads* estavam para comprar o produto da empresa. Essa investigação passou a ser feita previamente a uma atuação custosa do vendedor no campo ou à adaptação de produtos, por exemplo. Por meio dessa busca ativa, foi possível ter um maior controle sobre o volume de abertura de *leads*. Já por meio do entendimento de conversões, pôde-se prever melhor o comportamento dos mercados quanto ao momento de compra.

RESULTADOS

A empresa atingiu o posto de maior crescimento do Brasil em 2013, segundo a revista *Exame PME* e a Consultoria Deloitte. Foram 66% das vendas do ano originadas ativamente pela equipe de pré-vendas, sendo que todas as entradas foram triadas por essa mesma equipe, independentemente da origem. Ainda, a redução no tempo de negociação foi de três vezes em relação à média anterior à implantação da pré--vendas. Já o aumento de faturamento foi de 4,25 vezes. Assim, fica claro que a pré-vendas teve papel importantíssimo para que a Welle Laser se tornasse líder de mercado e atingisse o posto de empresa com maior crescimento no Brasil.

O método Exact de pré-vendas estabeleceu na Welle uma engenharia de vendas que nos gerou uma maior eficiência e um melhor entendimento de nossos leads. Foram ganhos em diferentes áreas que, casados com nosso excelente produto e a competência de nosso time de vendas, nos levaram ao posto de maior crescimento do Brasil (Rafael Bottós, CEO da Welle Laser).

REFERÊNCIAS

ARMAS. *Sniper package sneaks into the Arma 3 alpha*. [S. l: s. n], 2013. Disponível em: <http://arma3.com/news/sniper-package-sneaks-into-the-arma3-alpha#.VlL6fNKrTIV>. Acesso em: 23 nov. 2015.

FREITAS, K. *Exact*. [S. l.]: Exact blog, 2015. Disponível em: <http://exactsales.com.br/blog/>. Acesso em: 21 nov. 2015.

HATAMI, H.; PLOTKIN, C. L.; MISHRA, S. To improve sales, pay more attention to presales. *Harvard Business Review*, 2015. Disponível em: <https://hbr.org/2015/02/to-improve-sales-pay-more-attention-to-presales>. Acesso em: 21 nov. 2015.

RACKHAM, N. *Alcançando excelência em vendas para grandes clientes*. São Paulo: M. Books, 2011.

ROSS, A.; TYLER, M. *Predictable revenue*. [S. l.]: PebbleStorm, 2011.

CAPÍTULO 10
VENDAS COMPLEXAS

THÉO OROSCO
EXACT

O QUE SÃO VENDAS COMPLEXAS?

Vendas complexas são aquelas que necessitam percorrer processos e portões (*gates*) para conduzir o cliente até o fechamento, tendo normalmente questões técnicas envolvidas nesses processos, tais como visitas presenciais, amostras de produto, *trials*, pré-projeto, orçamento individual por cliente, entre outras.

VISITAS PRESENCIAIS: são necessárias quando o produto envolvido requer um alto grau de entendimento da situação-problema. São comuns também em negociações com empresas-chave (*key accounts*) ou ainda em negociações em mercados tradicionalistas.

AMOSTRAS DE PRODUTO: são necessárias em produtos personalizados exclusivamente para o cliente ou em produtos que necessitam de testes para a verificação de sua capacidade de resolver a situação-problema.

TRIALS: normalmente são utilizados em soluções de SAAS. Em vendas complexas, é relativamente comum encontrar a banalização dos *trials*, ou seja, empresas que dão *trials* para todos que queiram. Esta banalização pode ser problemática em termos de engajamento quando o cliente potencial (o *lead*) não está educado o suficiente para engajar-se sozinho em um teste. Nesse caso, a ação citada tem um efeito contrário ao desejado, levando o *lead* a acreditar que o produto não atende às suas necessidades, mesmo que o problema esteja na utilização incorreta. Isso pode gerar um número grande de detratores da marca (pessoas falando mal do produto).

PRÉ-PROJETO: em alguns mercados, é necessário fazer um pré-projeto anteriormente ao fechamento do negócio, seja por ajuste técnico necessário ou mesmo como estratégia comercial, como forma de mostrar ao cliente o trabalho em escala reduzida.

ORÇAMENTO INDIVIDUAL POR CLIENTE: em vendas complexas, é relativamente comum que não se consiga estabelecer um orçamento-padrão pelo qual o cliente possa verificar quanto pagará sem precisar da análise de um especialista ou do envolvimento de um atendente da empresa que esteja ofertando a solução.

Normalmente, este tipo de vendas está intimamente relacionado com o conceito de vendas consultivas, que basicamente se refere a vendas em que o vendedor se coloca como um parceiro técnico do cliente, auxiliando-o em resoluções de pontos de decisão ainda abertos sobre o produto e/ou o serviço. Uma venda técnica e/ou consultiva geralmente trabalha com produtos ou serviços complexos, ou seja, com produtos que possuem um grande número de variáveis a serem definidas anteriormente ao uso, ou ainda com clientes menos "educados" quanto à solução ofertada, isto é, que ainda não estão prontos para definir sozinhos as características dos produtos que irão comprar, pois ainda não possuem conhecimento aprofundado sobre estes. Em alguns casos, consegue-se melhorar a educação do cliente por meio de materiais de nutrição e de estratégias de *inbound marketing*. Entretanto, quando falamos de vendas complexas, essas ferramentas são um auxílio para que se avance o máximo possível no processo de educação, porém não são capazes de evitar a necessidade de percorrer etapas técnicas de tração.

Os mercados que normalmente possuem essas características são os de tecnologia (principalmente quando há envolvimento com inovação), serviços para empresas, máquinas e equipamentos.

INSIDE SALES: EMPRESAS DE VENDAS COMPLEXAS PODEM FAZER?

Mesmo em empresas de vendas complexas, existem casos em que a venda pode ser feita sem precisar deslocar o vendedor até o cliente, por *inside sales*, utilizando tecnologias de videoconferência, por exemplo. Geralmente, este tipo de vendas está relacionado a tíquetes não tão elevados, e a negociações com baixa ou média necessidade de adaptação técnica do produto. A grande vantagem deste tipo de negociação está na redução drástica do CAC, já que normalmente cerca de 50% dos custos de venda referem-se a deslocamento e hospedagem dos vendedores (sem contar o tempo de deslocamento).

Hoje, existem diversas empresas que têm casado estratégias de *inside* e *outside sales*, fazendo uma primeira etapa por *inside* e uma segunda – de definição técnica, se necessária – por *outside*, indo até o cliente. Atualmente, o índice de conversão costuma ser inferior em empresas que optam por estratégias de *inside sales*, entretanto, a grande conta está no custo-benefício de cada estratégia selecionada. Ainda, a conversão tem melhorado significativamente nos últimos anos, e existe uma forte tendência de melhora gradativa nesse sentido, pela adaptação cultural da sociedade.

Outro grande desafio que empresas com este tipo de venda enfrentam é o alto índice de remarcação de visitas. Isso pode ser melhorado com um bom processo de pré-vendas, aumentando previamente o interesse do *lead* pela conferência.

Quando a empresa consegue utilizar este tipo de estratégia, sem dúvida é uma excelente alternativa, já que a redução do CAC é extremamente impactante. Assim, é sempre interessante largar as amarras do tradicionalismo e prototipar com seu mercado, analisando os números e verificando se o custo-benefício será vantajoso.

CAC E LTV: POR QUE É IMPORTANTE FICAR ATENTO?

Toda empresa deve estar sempre atenta ao CAC. Esse índice, quando combinado com o LTV – que, como visto no Capítulo 9, é o faturamento médio durante o ciclo de vida dos clientes com a empresa – deve ser o grande indicador dos caminhos comerciais escolhidos pelas empresas.

CAC: para calcular o CAC, você deve basicamente calcular os custos comerciais de sua empresa, envolvendo desde ações de *marketing* até custos com vendedores, e dividir pelo número de clientes conquistados no período avaliado.

LTV: o LTV é calculado utilizando informações como: tempo de permanência médio dos clientes (para empresas com recorrência de compra), intervalo de recorrência (p. ex., mensal, para empresas que trabalham com mensalidades) e tíquete pago por compra. Algumas empresas incluem a porcentagem de *up-selling* (basicamente, aumento de tíquete) e/ou *cross-selling* (basicamente, venda de outros produtos para o mesmo cliente).

De forma geral, existem duas macrossituações a serem consideradas em uma análise nesse sentido:

SE SUA EMPRESA ESTÁ EM FASE DE INTRODUÇÃO DO PRODUTO, é normal que essa lógica (CAC X LTV) seja negativa, entretanto, você deve elaborar simulações objetivando estabelecer metas de CAC e LTV.

SE SUA EMPRESA JÁ VENCEU A FASE DE INTRODUÇÃO DO PRODUTO, o ideal é que essa conta dê, em média, quatro a seis vezes, ou seja, que a cada real investido você esteja faturando de quatro a seis reais (trata-se de uma média geral).

QUAIS SÃO AS ETAPAS DE UM GERENCIAMENTO DE VENDAS COMPLEXAS?

O próprio nome auxilia na resposta: pelo fato de as vendas serem complexas, não acredito em uma fórmula-padrão de processos, que possa ser aplicada a um número grande de diferentes empresas com este tipo de venda. Gosto de defender que os padrões de fluxo devem se adaptar às particularidades de cada modelo de negócio e acredito que isso somente seja possível se entendermos os conceitos por trás dos fluxos. Assim, um dos pontos fundamentais é entender os conceitos de processos de venda e portões de venda. Parece algo óbvio, porém muitas empresas que se aventuram na construção de seu método de vendas erram neste momento.

PROCESSOS: são atividades inerentes ao andamento da venda, que não geram tradicionalmente uma exclusão ou perda de *leads*. **Exemplo:** elaboração da proposta comercial.

PORTÕES: são etapas em que pode haver descarte ou perda de *leads*. **Exemplo:** apresentação da proposta comercial.

Um bom método é capaz de captar a diferença sutil entre esses dois conceitos, diferenciando-os na construção de um funil de gerenciamento das negociações. O desenho de um bom funil deve ser composto por portões bem definidos. Cada portão, por sua vez, deve ter processos bem desenhados.

Defendo que o estabelecimento desses portões deve ser algo extremamente pensado, pois eles definirão sua linha mestra de negociação e seus pontos-chave de indicação de *performance* de negociação (seus KPIs). Existem diversos olhares sobre quantos portões configuram um bom funil. Eu recomendo sempre o bom senso: nem tão poucos a ponto de dificultar seu entendimento de desempenho e a detecção de seus gargalos nem tantos a ponto de acabar fazendo o planejado ficar somente no papel. Um número médio de portões que tenho visto ser trabalhado com sucesso e que é defendido por alguns dos maiores estudiosos do assunto fica entre sete e 12 portões.

Algumas empresas insistem em dizer que sua venda é complexa demais para que se desenhe um funil nesta etapa, para que se preestabeleçam portões. Porém, tenho visto vendas cada vez mais complexas seguindo padrões de comportamento gerais, possibilitando, sim, o desenho de um caminho provável lógico. Você deve considerar, também, que o funil não é necessariamente um caminho linear. Tenha em mente que os portões não são processos e, assim, não vão engessar sua venda.

Para facilitar o entendimento e o alinhamento, é interessante unificarmos a compreensão sobre alguns termos.

PIPELINE DE VENDAS

É o funil de vendas em si, o canal por onde suas oportunidades seguirão até que virem vendas. Saliento que, aqui, falamos de *pipeline* de vendas considerando as empresas que estão sendo trabalhadas pelos vendedores. Seu *pipeline* – ou seu funil – considerará as macro e microetapas do processo como um todo, levando em conta a atração do *lead*, a segmentação, a nutrição, etc.

Em algumas referências, você pode encontrar o termo *pipeline* sendo utilizado para denominar as empresas que estão sendo trabalhadas no funil, mas que ainda não configuram uma compra imediata. Nesse caso, o *pipeline* é uma etapa anterior ao *forecast*.

FORECAST DE VENDAS

Refere-se às oportunidades mais maduras para fechamento, normalmente guiadas por um prazo de expectativa máxima para serem convertidas em vendas. O tempo mais utilizado no mercado de vendas complexas é o *forecast* mensal, porém, com a redução dos ciclos de negociação por técnicas como a de pré-vendas e a de *inbound marketing*, atualmente não é difícil encontrarmos empresas de vendas complexas trabalhando com *forecast* semanal, por exemplo.

Algumas empresas que tenho visto no mercado estabelecem um número mínimo de clientes potenciais em *forecast*, dividindo-os em naturais e forçados. Este segundo conceito é composto por oportunidades em que se tenta acelerar a negociação, ou seja, oportunidades cujo fechamento no prazo estabelecido não seria um processo natural. O *forecast* visa, acima de tudo, entender a quais empresas os vendedores destinarão sua força maior. Então, vejo, em princípio, como uma técnica razoável ter um número mínimo de empresas estabelecido, conforme citado anteriormente. Entretanto, caso o *forecast* seja utilizado dessa forma, é importante estar atento à separação correta, tendo cuidado para não espantar as empresas que não estejam exatamente no tempo ideal, em vez de acelerar sua maturação.

Ainda, grande parte das empresas trabalha com reuniões periódicas de *forecast*, em que o gestor auxilia o vendedor a indicar as melhores ações para cada *lead*, pré-aprovando condições e/ou ações especiais.

Todas as empresas em *forecast* devem possuir um planejamento de ações muito bem desenhado e executado em vendas complexas.

FOLLOW-UP

Basicamente, é o acompanhamento natural do *lead*, seja por ligação, *e-mail* ou mesmo visita. Em vendas complexas, esta é uma área onde se erra muito e à qual se deve estar muito atento. Nesses casos, os *follow-ups* precisam ser sempre focados em estratégias bem desenhadas, e nunca em uma ligação para saber se o negócio evoluiu, por exemplo.

O registro dos *follow-ups* é outro ponto em que se peca muito. É fundamental que se tenha entendimento de todo o histórico da negociação para, posteriormente, avaliar as estratégias positivas e negativas, compartilhando boas práticas com a equipe.

CUSTOMER RELATIONSHIP MANAGEMENT (CRM)

É a gestão do relacionamento com o cliente, utilizada normalmente para descrever soluções que reúnem, de forma organizada, processos e tarefas voltados para esse fim.

QUAIS SÃO OS PRINCIPAIS ERROS EM VENDAS TÉCNICAS QUE AS EMPRESAS COMETEM?

EMBASAR SUA ESTRATÉGIA DE COMUNICAÇÃO EM FATORES SUPERFICIAIS

Em vendas complexas, *leads* do mesmo setor, do mesmo cargo e que, por vezes, fabricam o mesmo produto podem ter dores completamente distintas. Então, antes de tentar educar ou tracionar um *lead*, busque entender muito sobre ele. Neste caso, a pré-venda é fundamental no processo.

VENDER A TECNOLOGIA, E NÃO A SOLUÇÃO

Muitas vendas são perdidas neste ponto. Você não tem que apresentar tudo o que pode fazer por um *lead*, como se quanto mais dores você resolvesse, melhor. Os *leads* possuem dores latentes e compram os produtos que são especializados em saná-las. Quanto maior for a confiança de um *lead* de que você tem a solução específica para a dor dele, mais rápida será a venda.

Se você oferece coisa demais, perde credibilidade e acaba confundindo a cabeça de seu cliente potencial. Entenda previamente a apresentação, o que deve ser apresentado, e seja certeiro ao dar o tiro! Cuidado para não oferecer a farmácia toda para quem só tem dor de cabeça.

INFLAR O *PIPELINE* DE VENDAS

Este é um erro bastante comum, cometido em grande parte das empresas. Quantidade e qualidade são coisas diferentes, e normalmente quantidade é inversamente proporcional a eficiência. Quem trabalha com muitos *leads* não consegue fazer um bom *follow-up* com nenhum e acaba convertendo menos e de maneira mais demorada.

No mercado, costuma-se dizer que, se 60 empresas forem passadas a um vendedor, sendo 10 destas de fato oportunidades de compra, ele trabalhará com as 60 e fechará uma ou duas vendas; entretanto, se 15 empresas forem passadas a ele e as mesmas 10 forem oportunidades de compra, a tendência será ele converter mais rápido cerca de oito ou nove vendas. Isso é ter foco para realizar um *follow-up* rico e dedicado.

NÃO SABER OUVIR O NÃO

Saber aceitar o não e entender o porquê dele é uma das coisas mais inteligentes que se pode fazer em vendas. Muitos vendedores insistem na venda e, assim, se mostram despreparados e desesperados, fechando as portas para oportunidades futuras que ainda não estavam maduras. Dessa forma, nem sequer criam um legado sobre o processo.

COMO FAZER UMA BOA VENDA EM MERCADOS DE VENDAS COMPLEXAS (PASSO A PASSO)

Existem basicamente quatro passos fundamentais para que se consiga realizar um bom processo de vendas quando o assunto são vendas complexas.

ENTENDIMENTO DA SITUAÇÃO

Em vendas complexas, não se inicia uma conversa sem antes tentar entender os pontos-chave dos clientes potenciais – questões técnicas iniciais, dores e necessidades, processos de tomada de decisão, etc. Isso pode ser feito diretamente na reunião de vendas, porém a tendência é os apelos perderem força à medida que a reunião for acontecendo; o foco sai da solução, o que, muitas vezes, cansa o cliente. Assim, o ideal é que essa busca por entendimento seja anterior à reunião, por meio de um processo bem estruturado de pré-vendas, capaz de realizar essa função sem o envolvimento do vendedor.

Ainda, é interessante utilizar estratégias de implicação, ou seja, é interessante buscar explorar as dores e entender aquelas com mais latência (instantâneas) ou com mais potencial de se tornar uma dor latente (previsível).

APRESENTAÇÃO DA SOLUÇÃO

Muitas empresas erram neste ponto. A apresentação da solução tem sempre que focar as dores do cliente, sejam elas instantâneas ou previsíveis, sendo a solução dessas dores o grande produto. Quanto mais dores você tentar trabalhar em sua apresentação, menor impacto ela terá.

Procure descobrir, no máximo, três principais dores e transmitir muita confiança de que você tem a solução para aqueles pontos em específico. Quanto mais específico e certeiro você for, maior a chance de você conquistar rapidamente a venda – seja o especialista! Procure montar uma apresentação focada no cliente e capaz de ser um guia de seu discurso, dando linearidade a sua fala e garantindo que você não sairá do foco – algo bastante comum em vendas complexas.

PROPOSTA

Algumas empresas têm processos de ajuste técnico que antecedem a etapa de proposta, tais como testes, amostras, planejamento de projeto ou mesmo pré-projeto. Quanto mais processos a empresa tiver, mais atenção ela deverá dedicar à segmentação de *leads* por pré-vendas.

Um dos grandes erros das empresas é complicar demasiadamente a proposta, tentando explicar de maneira exagerada pontos que, em muitos casos, não interessam a todos os clientes. Busque tornar sua proposta simples e direta! Seja claro e sucinto sobre os diferencias e as possibilidades de pagamento, dirigindo-se de modo bastante específico para cada cliente.

É fundamental acompanhar sua conversão neste momento. Se você utiliza envio de proposta por *e-mail*, busque aplicativos ou *softwares* que sejam capazes de lhe mostrar o número de propostas enviadas que de fato foram abertas, bem como outros detalhes a respeito deste momento de abertura da proposta.

Este, por histórico, não é o momento que você mais perderá negócios, entretanto, é o momento em que cada negócio perdido conta muito! É muito mais normal do que as pessoas pensam o fato de a perda estar relacionada com uma proposta mal elaborada, principalmente quando se tem concorrência envolvida no processo.

FOLLOW-UP DEDICADO

Em vendas complexas, este é o principal momento da venda. Saber fazer um bom *follow-up* é tão importante que um *follow-up* mal feito pode estragar por completo uma excelente primeira reunião.

Alguns vendedores confundem este momento com uma ocasião para pressionar o possível cliente em busca de um fechamento mais veloz. Entretanto, este é o momento de utilizar materiais de apoio para sustentar argumentos e, a partir dessa sustentação, levar o cliente potencial à decisão final de fechamento, aí sim, dando velocidade a essa decisão.

Um dos grandes erros das equipes de vendas complexas é o vendedor ficar com um número muito grande de empresas para cuidar, ou seja, ficar com o funil ou com o *forecast* (o que é ainda pior) tão inflado que ele não consiga ter tempo para se dedicar a um *follow-up* com a calma e a atenção que cada cliente potencial requer. A melhor maneira de evitar esse erro é filtrar profundamente os *leads* antes de passá-los aos vendedores e educar os vendedores a descartar *leads* com baixo potencial, utilizando um fluxo de nutrição automatizado para acompanhar esse perfil de cliente.

CAPÍTULO 11

MONITORA-MENTO DE MÍDIAS DIGITAIS

EDUARDO PRANGE
SEEKR

O QUE É MONITORAMENTO DE MÍDIAS SOCIAIS?

Em termos básicos, o monitoramento de mídias sociais é uma disciplina que consiste no ato de usar uma ferramenta para monitorar o que está sendo dito a respeito de um tema, uma marca, uma palavra-chave e/ou um termo de pesquisa na internet. Às vezes, também pode ser denominado *social listening,* gestão de mídias sociais, *social media marketing* (SMM) e *social monitoring.* É claro que a resposta anterior é muito básica. Na realidade, esta disciplina é um pouco mais complexa.

Muitas pessoas confundem o termo monitoramento de mídias sociais com monitoramento de redes sociais. Na realidade, mídias sociais é um conceito muito mais abrangente, que envolve diferentes ecossistemas (redes virais, *blogosfera*, imprensa *on-line*, fóruns de discussão e redes sociais, que nada mais são do que as redes de relacionamento – Facebook, Twitter e Google+, por exemplo).

A maioria das ferramentas de monitoramento funciona rastreando o ambiente digital de forma contínua e indexando dados. Algumas mídias sociais são rastreadas em tempo real, como o Twitter e o Facebook. Outras podem ser rastreadas com menos frequência – digamos, a cada 30 minutos ou até a cada dia, se forem mídias menos importantes. De qualquer forma, uma vez que todas as mídias são indexadas, elas podem ser pesquisadas.

A maior parte das ferramentas utiliza algum tipo de consulta ou sequência de pesquisa que o usuário escreve para encontrar menções de palavras e frases específicas nessas páginas. O *software*, em seguida, traz essas ocorrências de volta à interface da ferramenta, que podem ser lidas, tratadas e classificadas.

A abrangência das buscas varia entre as ferramentas, por isso, sempre deve ser feita a lição de casa ao avaliar diferentes fornecedores. Tenha em mente que algumas mídias sociais têm regras rígidas (o LinkedIn, por exemplo), o que significa que é impossível para as ferramentas cobrir e/ou capturar todo o conteúdo que lá esteja armazenado.

ONDE SURGIU O MONITORAMENTO DE MÍDIAS SOCIAIS E QUAIS SÃO SUAS PRINCIPAIS REFERÊNCIAS?

As primeiras empresas a atuarem como provedoras de soluções em monitoramento de mídias sociais são de origem norte-americana. Apesar de ser uma disciplina muito discutida em universidades do mundo inteiro, o tema ganhou maior evidência no ano de 2006, quando o estudante da University of Toronto Nilesh Bansal fundou, em conjunto com seu professor Nick Koudas, a plataforma Sysomos, fruto de uma série de estudos e análises de tendências tecnológicas relacionadas à gestão de dados originados do ambiente digital e das mídias sociais. Na mesma época, surgia nos Estados Unidos a Radian6, empresa que, em 2011, foi adquirida pela Salesforce, empresa norte-americana de *software on demand*, por 340 milhões de dólares.

No Brasil, os primeiros autores sobre o tema foram Cíntia Carvalho, Helaine Rosa, Rodrigo Villarreal Goulart e Sandra Portella Montardo, que, em 2006, desenvolveram um estudo sobre o monitoramento da imagem das organizações e as ferramentas de busca de *blogs* (CARVALHO et al., 2006). O pioneirismo tecnológico brasileiro ficou dividido entre três empresas, que lançaram, respectivamente, suas plataformas para gestão e monitoramento de mídias sociais: E.life, Scup e Seekr.

O grande marco de evidências para este tão estratégico tema foi norteado pela primeira campanha do presidente norte-americano Barack Obama. Em 2007, ele utilizou estrategicamente a gestão e o monitoramento das mídias sociais para impulsionar sua campanha. No ano seguinte, em 19 de junho de 2008, Obama se tornou o primeiro candidato presidencial de um partido principal a recusar o financiamento público de campanha desde que o sistema foi criado, em 1976. Assim, ele chegou ao poder em uma campanha histórica, marcada por vários recordes de captação de recursos, principalmente na quantidade de pequenas doações.

Figura 11.1 – Barack Obama no Centro de Comando de Mídias Sociais da Cruz Vermelha.
Fonte: Dentinger (2015).

Os números e os resultados obtidos por meio das estratégias norteadas pela gestão das mídias sociais foram realmente surpreendentes. Na época, John McCain foi nomeado como o candidato republicano, e os dois participaram de três debates presidenciais, em setembro e outubro de 2008. Em 4 de novembro daquele ano, Obama foi eleito presidente com 365 votos no colégio eleitoral, contra 173 recebidos por McCain. Obama ganhou 52,9% dos votos populares, contra 45,7% de McCain. Obama obteve 69,4 milhões de votos, sendo o presidente mais votado da história dos Estados Unidos e o segundo presidente mais votado do mundo. Ele se tornou o primeiro afro-americano a ser eleito presidente dos Estados Unidos.

QUEM DEVE USAR MONITORAMENTO DE MÍDIAS SOCIAIS?

O uso do monitoramento de mídias sociais é benéfico para todo e qualquer tipo de organização, indiferentemente de seu porte, público ou ramo de atuação. O uso estratégico das plataformas de gestão e monitoramento de mídias sociais possibilita às empresas o encurtamento da distância em relação a seus diferentes públicos de interesse e a qualificação de suas relações com seus consumidores.

Empresas com maior apelo ao consumidor final acabam tendo um maior volume de ocorrências nas mídias sociais, mas isso não quer dizer que a aplicabilidade do monitoramento se restrinja às empresas B2C. Existem inúmeros exemplos de empresas B2B que utilizam o monitoramento de mídias sociais como forma de reforçar seu posicionamento de mercado. Afinal de contas, qual organização não precisa cuidar de seu maior ativo, ou seja, da reputação de sua marca e da posição que esta ocupa na mente de seus consumidores?

POR QUE USAR MONITORAMENTO DE MÍDIAS SOCIAIS EM MINHA EMPRESA?

Se, por um lado, temos consumidores cada vez mais conectados e bem informados, por outro, o cenário para as empresas adotarem novas estratégias a fim de interagir com esses consumidores de maneira efetiva está cada vez mais complexo, o que, consequentemente, torna seu desafio também mais complicado. Acompanhar a evolução das novas tecnologias e compreender esse novo cenário é o caminho que permite às empresas desenvolver relações mais qualificadas com seus diferentes públicos de interesse e tirar melhor proveito das oportunidades de negócios que se apresentam neste meio.

A seguir, serão mostradas algumas aplicabilidades que justificam a adoção do monitoramento de mídias sociais pela sua empresa.

ANÁLISE DE COMPORTAMENTO DO PÚBLICO (BEHAVIORAL TARGETING)

Tradicionalmente, nos trabalhos de pesquisa de *marketing*, muito do que é estudado a respeito do consumidor está vinculado a questões relacionadas a perfis de ordem sociodemográfica, indicando classe social, idade, profissão, entre outros dados. Entretanto, no mundo atual, onde as pessoas estão cada vez mais conectadas às novas tecnologias e à internet, essas informações são insuficientes para entender o perfil do consumidor, seus hábitos e seu comportamento. Com a prática do monitoramento de redes sociais, é possível identificar tudo o que os usuários curtem, compartilham e comentam nos diferentes canais sociais e transformar esse conhecimento em diferenciais para sua empresa.

IDENTIFICAÇÃO DE OPORTUNIDADES E GERAÇÃO DE NEGÓCIOS

Com o monitoramento das mídias sociais, é possível obter *insights* que sirvam de insumo para que sua empresa aprimore as estratégias de *marketing* e vendas e possa dialogar com os consumidores de maneira eficaz, personalizada/humana, bem como atender às necessidades apresentadas por essas pessoas.

EXPERIÊNCIA EQUILIBRADA DO CONSUMIDOR NOS PONTOS DE CONTATO COM A MARCA

Com o monitoramento das mídias sociais, você passa a compreender a linguagem utilizada por seu público, o que permite uma adequação e uma estratégia de alinhamento do tom de voz empregado pela empresa em todos os pontos de contato que o consumidor tenha com a marca. Essa prática permite às organizações prover uma experiência equilibrada aos consumidores, independentemente do canal ou do meio de contato escolhido por estes.

ENGAJAMENTO PROATIVO

Ao monitorar as mídias sociais, você encontrará inúmeras conversas oportunas para prestar auxílio aos usuários e poderá direcioná-los, de maneira estratégica, a visitas ao *site*, à página ou ao *blog* de sua empresa.

REDUÇÃO DE CUSTOS COM AUMENTO DA SATISFAÇÃO DOS CLIENTES

Você pode, ainda, reduzir custos à medida que identifica os melhores canais de relacionamento com o cliente, investindo mais tempo e recursos neles e determinando a combinação perfeita entre canais e mensagens para gerar mais vendas.

IDENTIFICAÇÃO E GERENCIAMENTO DE CRISES

Hoje em dia, as redes sociais viraram lugar de desabafo para frustrações e experiências malsucedidas com produtos e serviços, o que pode culminar em crises de imagem sérias para a empresa caso esta não saiba tratar o acontecimento da maneira adequada. Monitorando as redes sociais, sua empresa consegue antever situações de crise, uma vez que encontra tudo o que está sendo falado a seu respeito, e pode agir proativamente na resolução de qualquer conflito antes que este se amplie.

QUAIS SÃO OS PRINCIPAIS ERROS EM MONITORAMENTO DE MÍDIAS SOCIAIS QUE AS EMPRESAS COMETEM?

Acho muito interessante a visão de Shel Holtz, experiente profissional de comunicação empresarial que atende clientes como a PepsiCo e o Fundo Monetário Internacional (FMI), sobre o tema. A respeito dos principais erros que as empresas cometem nas mídias sociais, Holtz (2015) diz:

> O primeiro é não ter uma estratégia para a mídia social. Ou seja, não se determina qual a melhor forma de usá-la para produzir resultados significativos e mensuráveis para a organização, resultados que deem suporte às metas, aos planos e aos objetivos do negócio. Em segundo lugar, as empresas separam mídia social de outros esforços de comunicação e engajamento ao invés de integrá-los. É por isto que muitas companhias se empenham em encontrar coisas inteligentes para comunicar nas mídias sociais durante eventos culturais e datas importantes. Por exemplo, aqui nos Estados Unidos várias marcas usaram

as mídias sociais para homenagear Martin Luther King (líder negro que lutava pela igualdade racial assassinado em 1968) no feriado nacional, mas a maioria dos consumidores viu a iniciativa como uma exploração da memória dele para ampliar a visibilidade das marcas e vender os produtos das empresas. Terceiro, as empresas restringem as mídias sociais ao marketing e deixam de reconhecer seu impacto em praticamente todas as partes do negócio. Em quarto lugar, as empresas utilizam as mídias sociais para falar de si em vez de abordar o que seu público está interessado. Ou seja, elas tratam as mídias sociais como apenas mais um canal de mão única, comunicação de cima para baixo, e não como uma oportunidade para o engajamento. Finalmente, as empresas entregam as mídias sociais para estagiários ou recém-formados com base na crença de que apenas os mais jovens entendem do assunto. Você já percebeu como a maior parte dos erros prejudiciais à reputação em mídias sociais geralmente é explicada por um porta-voz que diz: "o estagiário fez isso"?

COMO UTILIZAR O MONITORAMENTO DE MÍDIAS SOCIAIS EM MINHA EMPRESA (PASSO A PASSO)

Independentemente da natureza das informações que você queira buscar em seu monitoramento – a própria marca, produtos, concorrentes, pesquisa de mercado –, é preciso seguir alguns passos para uma pesquisa de sucesso, com resultados consistentes e qualificados.

DEFINIR SEUS TERMOS DE BUSCA

Este é o primeiro passo ao criar um monitoramento nas mídias sociais. A escolha dos termos varia de acordo com a estratégia de sua pesquisa, e é ela que fará o primeiro filtro em seus resultados.

No caso de uma análise de concorrência, por exemplo, lembre-se de utilizar, além dos nomes dos principais *players* de seu mercado, as *hashtags* (#) que eles usam e suas contas nas redes sociais. Lembre-se, ainda, de utilizar aspas no caso de marcas e/ou termos compostos.

ESCOLHER AS MÍDIAS SOCIAIS

A escolha das mídias sociais que serão monitoradas é mais um passo importante da criação de um monitoramento. Além da busca pelo *feed* das redes sociais mais comuns, é válido adicionar, por exemplo, as páginas que você ache interessante acompanhar. Assim, é possível visualizar todas as interações públicas de usuários com as marcas. Mais uma opção é adicionar grupos, *feeds* de RSS, entre outros.

TRABALHAR COM FILTROS

Após criar seu monitoramento, a utilização de filtros pode ajudá-lo a buscar informações específicas dentro de sua busca. Você pode, por exemplo, filtrar uma data para acompanhar a repercussão de uma campanha realizada por sua marca ou por um dos seus concorrentes. Ainda nos filtros, é possível buscar informações por palavras-chave, mídias sociais, nomes de usuários, entre outros dados.

UTILIZAÇÃO DE *TAGS* E CATEGORIAS

Com sua pesquisa rodando de forma otimizada, é interessante utilizar *tags* para categorizar as informações buscadas na pesquisa. Com elas, é possível separar as menções por temas mais comentados pelos usuários, identificar oportunidades de mercado e comparar informações em seus relatórios (p. ex., reclamação, oportunidade, atendimento, produto, etc.).

DEFINIR SUAS MÉTRICAS

Para acompanhar os resultados de seu monitoramento em tempo real ou na periodicidade que você preferir, é importante predefinir algumas perguntas que você queira responder com os dados de seus relatórios. Aqui vão alguns exemplos:

- Qual foi o número de pessoas possivelmente impactadas pelas menções sobre minha marca nas redes sociais?

- Com relação aos usuários, qual é a localização com o maior número de pessoas comentando sobre minha marca?

- Quem são os usuários que mais falam sobre minha marca e os que têm maior credibilidade?

- Qual é o horário em que mais mencionam minha marca e/ou meus concorrentes nas redes sociais?

- Quais são as palavras mais utilizadas pelos usuários ao mencionarem minha marca? E meus concorrentes?

CASE 1
MONITORAMENTO DE CAUSAS DE PROTESTOS (CAUSA BRASIL)

Um *case* global do uso do monitoramento de mídias sociais que acho muito interessante compartilhar e que teve atingimento global, sendo inclusive apresentado no South by Southwest (SXSW) de 2014 – maior evento de interatividade do mundo – e no Festival de Cannes de 2014, é o do Causa Brasil.

O Causa Brasil foi um projeto de cocriação envolvendo as empresas Seekr, empresa de gestão e monitoramento de marcas em mídias sociais, W3haus, agência digital independente, e Huia, produtora digital. Na ocasião (ano de 2013), nosso país estava passando por um processo de manifestações frequentes em suas mais diversas regiões, e os três principais públicos de interesse envolvidos (governantes, imprensa e população) não tinham conhecimento de quais eram as principais causas dos protestos, tampouco das prioridades de atenção dos governantes para acalmar a população e organizar a "bagunça" desestruturada que se encontrava no momento.

Figura 11.2 – *Print screen* do vídeo *case* apresentado no SXSW 2014.
Fonte: W3Haus (2013).

Nesse contexto, foi desenvolvido o Causa Brasil, um *hotsite* que tem por objetivo medir em tempo real quais são as principais causas e motivos de protestos da população brasileira (CAUSA BRASIL, 2015). O *hotsite* é abastecido e adequado de maneira colaborativa; os internautas contribuem enviando ideias e sugestões para a evolução do *hotsite*, que se mantém atualizado desde seu lançamento.

Figura 11.3 – *Print screen* do *hotsite*.
Fonte: Causa Brasil (2015).

CASE 2
IDENTIFICAÇÃO DE OPORTUNIDADES DE NEGÓCIOS (TECNISA)

Um *case* de monitoramento de mídias sociais que virou um estudo de caso do Facebook é da empresa Tecnisa, do setor imobiliário, que se beneficiou do monitoramento de mídias sociais para identificar oportunidades de negócios, bem como interagir com potenciais consumidores do seu empreendimento "Jardim das Perdizes", em São Paulo.

O principal desafio da Tecnisa ao lançar o empreendimento "Jardim das Perdizes" – um bairro inteiro, planejado, com condomínios independentes – consistia em engajar pessoas para vender algo que ainda não existia. Para isso, a empresa desenvolveu conteúdos e estratégias específicas para o Facebook nos períodos de pré-lançamento e lançamento do empreendimento:

PRÉ-LANÇAMENTO: conteúdos e mídia sobre o novo bairro, com informações sobre a região, infraestrutura, tecnologia, parque, serviços e depoimentos de atuais moradores.

LANÇAMENTO: cobertura em tempo real do lançamento, com *streaming*, vídeos e fotos, além de peças específicas sobre o evento.

Os conteúdos e a mídia sobre o empreendimento sempre foram relacionados com os principais fatores comportamentais e temas de interesse dos potenciais clientes. Além disso, abordavam diferenciais, como segurança, inovações, qualidade de vida, bem-estar, esportes e família. Foram desenvolvidos, ainda, conteúdos especiais com a ajuda da população.

Os resultados foram surpreendentes: mais de 20 milhões de reais de receita em vendas apenas pelo Facebook. Dessa forma, a Tecnisa teve um retorno 56 vezes maior ao investimento de mídia. Para obter esse sucesso, a empresa produziu mais de 600 posts sobre o bairro e produtos e publicou 6 mil anúncios pelo Facebook Ads durante o período de lançamento.

A campanha (conteúdo + mídia) gerou mais de 100 mil citações espontâneas sobre o novo bairro e seus diferenciais, sendo 99,6% delas positivas, e atingiu mais de 90% do público-alvo (mais de 15 milhões de pessoas foram alcançadas no Facebook). As ações do Facebook Ads responderam por 12% da visitação ao produto e por 35% do total de *leads*, com o menor CPA da campanha.

Veja os resultados detalhados na Figura 11.4.

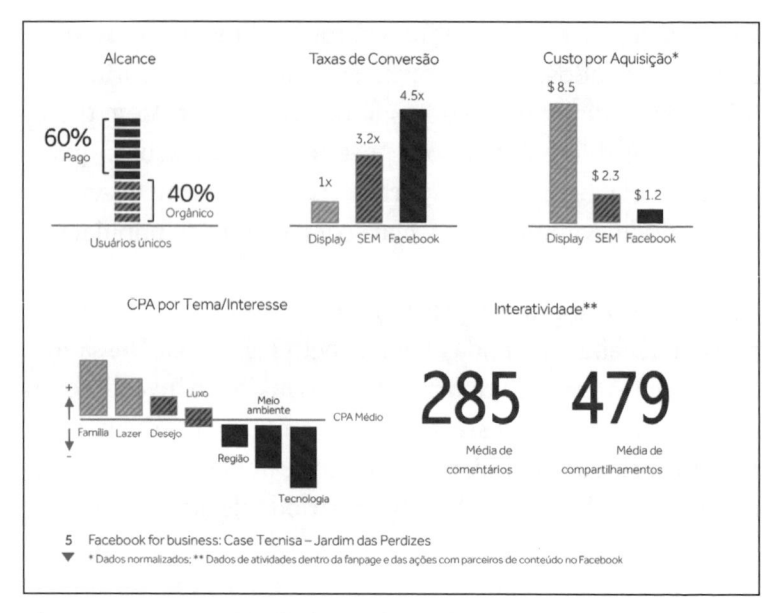

Figura 11.4 – Material de divulgação dos resultados do *case* da Tecnisa.
Fonte: Tecnisa (2015?).

REFERÊNCIAS

CARVALHO, C. et al. Monitoramento da imagem das organizações e as ferramentas de busca de blogs. *Prisma.com*, n. 3, p. 420-447, 2006.

CAUSA BRASIL. *Site*. [S. l.]: Causa Brasil, [2015]. Disponível em: <http://www.causabrasil.com.br/>. Acesso em: 22 nov. 2015.

DENTINGER, J. *Social media command centers*. Boston: Boston College, 2015. Disponível em: <http://isys6621.com/2015/10/18/social-media-command-centers/>. Acesso em: 22 nov. 2015.

HOLTZ, S. *Sua empresa está bem na rede? Especialista fala dos erros mais cometidos* [fev. 2015]. Entrevistador: C. Nunes. Florianópolis: Hora de Santa Catarina, 2015.

TECNISA. *Jardim das Perdizes*. [S. l: s. n, 2015?]. Disponível em: <http://img.tecnisa.com.br/arquivos/TrabalhosAcademicos/CaseTecnisa_Facebook.pdf?_ga=1.94723870.367041429.1448285598>. Acesso em: 23 nov. 2015.

W3HAUS. *Case causa Brasil*. [S. l.]: W3Haus, 2013. Disponível em: <https://vimeo.com/71093637>. Acesso em: 22 nov. 2015.

CAPÍTULO 12

SERVIÇO DE ATENDIMENTO AO CONSUMIDOR 3.0

RICARDO HEIDORN
SEEKR

O QUE É SAC 3.0?

Atropelando o serviço de atendimento ao consumidor (SAC) 1.0, a comunicação 2.0 veio intensa com a mudança de comportamento do consumidor. Todos querem falar, opinar, expor ideias e contribuir em relação a produtos e serviços que adquirem. Os clientes realmente querem fazer parte da empresa. Aos poucos, já estamos ouvindo falar até sobre o SAC 3.0, e quem não se adaptou ao 2.0, é melhor correr. Estar atrasado no atendimento é uma situação bem delicada. É um déficit da marca, e isso está longe de ser algo estratégico.

Toda empresa precisa de *feedbacks*, deve ouvir os clientes, saber o que eles têm a dizer, como eles veem sua marca, como utilizam seu produto (se é ou não da forma que se imaginou quando o produto foi criado), entre tantos outros detalhes. O mais sincero *feedback* do cliente vem pela internet, sem que ele seja questionado sobre o produto ou o serviço. Pode acreditar! Por exemplo, a maioria dos clientes dificilmente volta à loja para elogiar o produto que comprou ou para contar sua experiência com a marca e com a aquisição. Porém, esses relatos positivos podem ser feitos com muito mais facilidade pela internet, da forma mais transparente possível, atingindo quem estiver passando por ali.

A relação entre o *on-line* e o *off-line* está cada vez mais estreita. Hoje, não é mais novidade uma empresa ter múltiplos canais de contato com seus clientes: *site*, mídias sociais e *chat on-line* somam-se aos espaços físicos e ao telefone. Cria-se, assim, uma teia de experiências de marca, que podem acontecer nos mais diferentes ambientes e meios.

Em razão do avanço das novas tecnologias e, também, dos múltiplos dispositivos de comunicação, os consumidores estão interagindo com as empresas em qualquer momento e lugar. Por conseguinte, atender às suas necessidades de forma eficaz e inovadora virou uma evolução necessária dos SACs. O fácil acesso à internet, o poder dos consumidores no meio *on-line*, a mobilidade e as redes sociais são algumas das tais tendências que já são realidade no mercado atual e que obrigam as empresas a olhar os consumidores com mais atenção.

O cliente 3.0 valoriza a experiência de consumo e deseja relacionar-se com as empresas onde quer que ele esteja, seja no *chat*, nas redes sociais, no WhatsApp ou em um aplicativo móvel. Mais do que estar presente em todos os canais possíveis, o ato de "praticar SAC 3.0" é falar a mesma língua do público. Indiferentemente do canal pelo qual a marca atenda seus consumidores, é preciso que a linguagem seja única e a mesma do *target* em questão. Portanto, o desafio é integrar esses canais para atender consumidores que não distinguem o *on* do *off*. Para eles, é ineficiente e incompreensível, por exemplo, fazer uma compra *on-line* e necessitar telefonar para reclamar, ou mesmo encontrar precificação diferente no *site* e na loja física. Em resumo, para esses consumidores, a empresa é a mesma e deve ter a mesma posição em todos os meios.

Oferecer novos canais de atendimento de seu produto ou serviço não só é uma necessidade do cliente como também constitui uma excelente estratégia para alcançar e atrair novos consumidores que possuam hábitos de compra diferentes daqueles que já conhecem sua marca.

* APV: ATENDIMENTO PESSOAL VIRTUAL.

Figura 12.1 – Exemplos de canais existentes para o atendimento ao consumidor.
Fonte: O autor.

ONDE SURGIU O SAC 3.0 E QUAIS SÃO SUAS PRINCIPAIS REFERÊNCIAS?

Atualmente, é nítida a pressão que os consumidores fazem para que as empresas executem um bom serviço de atendimento. Eles questionam e indagam por uma ampla quantidade de canais, de diferentes meios – telefone, *web*, *e-mail*, redes sociais, etc. Com a popularização das redes sociais, os consumidores perceberam seu principal valor na decisão de uma compra: o *feedback* de outros consumidores. Um consumidor, ao reclamar ou elogiar uma marca, influencia muito a decisão de compra de outros consumidores que leiam seu relato.

É bem fácil perceber o que é mais veemente: a propaganda, o vendedor ou aquilo que os clientes estão falando sobre a empresa. Por exemplo, um alcance negativo de reclamações no Twitter, no Facebook ou no Instagram torna a voz do cliente extremamente forte e impactante. Uma avaliação ruim de um cliente nos comentários pode facilmente impactar de forma negativa uma marca, independentemente do tamanho da organização. Assim, o crescimento rápido das mídias sociais levou os consumidores a criar uma nova revolução no atendimento ao cliente. Agora, é o cliente que escolhe a hora e o local em que ele precisa ser atendido.

1980   1990   2000   2010   O QUE VEM POR AÍ

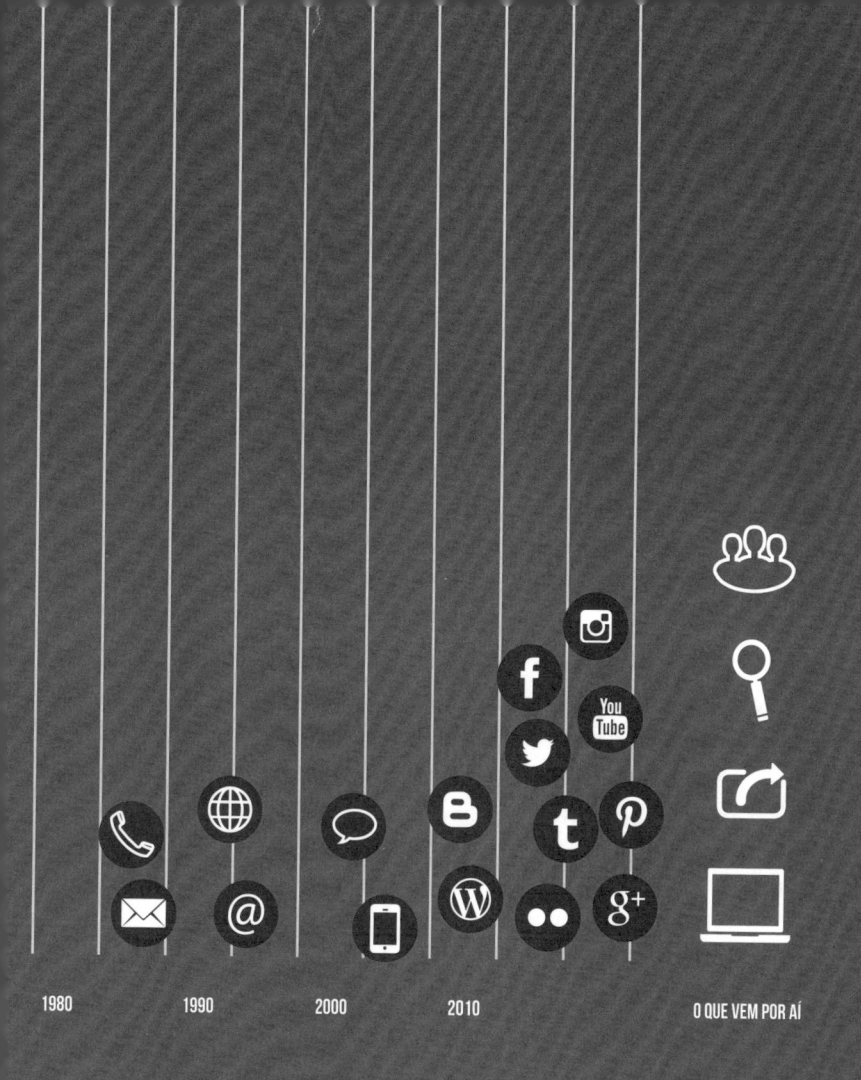

Figura 12.2 – A evolução dos canais.
Fonte: O autor.

Outro fator que favoreceu muito o surgimento do SAC 3.0 foi a proliferação rápida de dispositivos móveis, como *smartphones* e *tablets*. Com isso, cria-se uma expectativa, principalmente nos clientes, de que é preciso responder de forma rápida e organizada. Ou seja, o canal da empresa no meio *on-line* precisa resolver seu problema – ou, ao menos, responder algo – de forma urgente. A expectativa do cliente é a de que suas solicitações – que, antes, costumavam ser respondidas em alguns dias – obtenham respostas na hora, até em questão de minutos.

Por isso, é preciso ficar atento. Os clientes, agora, entram em contato com as empresas de qualquer lugar, a qualquer hora e por qualquer tipo de dispositivo, e querem ser respondidos no mesmo momento. Nos últimos anos, o mercado tem visto os canais digitais ganharem espaço nas centrais de relacionamento, e essa tendência ficará ainda mais forte, pois o consumidor está cada vez mais multicanal. Isso justifica a necessidade de um SAC 3.0.

QUEM DEVE USAR SAC 3.0?

Não importa se a empresa é pequena, média ou grande. Atender bem o cliente, indiferentemente do canal pelo qual o consumidor quer ser atendido, não é mais diferencial competitivo: é fazer o mínimo. Ou é possível que alguém goste de ser mal atendido por alguma empresa?

Como seria de esperar, *startups* e pequenas empresas são as primeiras a abraçar novas tecnologias e novos canais de comunicação. As empresas maiores e mais tradicionais, atualmente, encontram dificuldades para desenvolver novas estratégias para seu atendimento ao cliente, seja por burocracia, por hierarquia ou por política da empresa. Isso leva as pequenas empresas a atingir um grande diferencial no atendimento aos clientes.

Existe um mito de que o SAC 3.0 é algo caro, com processo dificultoso, que só empresas de grande porte conseguem colocar em prática. Isso não é verdade. Um dos maiores benefícios do SAC 3.0 é simplesmente o baixo custo dos principais canais de atendimento. Criar contas em Facebook, Twitter, Instagram e Whatsapp é gratuito e favorece o pequeno empresário no atendimento a seus consumidores. Contudo, a gratuidade não deixa o planejamento mais fácil. É preciso esboçar, organizar, criar táticas e metas para o sucesso de qualquer projeto, e não poderia ser diferente em projetos de SAC 3.0.

A maioria das empresas (das mais modernas às mais tradicionais) tende a encarar o SAC 3.0 como uma experiência necessária apenas para gerar mais possibilidades de venda. Entretanto, é preciso pensar bem mais além. Vivemos o momento do SAC 3.0. É hora de atender o cliente onde ele estiver, oferecer a ele eficiência e instantaneidade, ou pagar o preço (normalmente alto e mensurável) sempre que o cliente insatisfeito usar as redes sociais para criticar sua marca.

Para identificar oportunidades e melhorias de produto e ter destaque no SAC 3.0, é preciso conhecer o cliente, monitorá-lo e atendê-lo da melhor forma possível. *Insights* sempre são bem-vindos para melhorias e crescimento das empresas, principalmente para as que estão começando, mas não se obtém *insight* sem ter informações concretas do mercado e do público-alvo – o que o consumidor fala de sua marca e como seu negócio está posicionado no segmento, por exemplo – e muito menos sem saber o que a concorrência está inventando e qual seu espaço na vida do cliente. Quando se tem conhecimento total do nosso público-alvo, os *insights* vêm a mente.

POR QUE USAR SAC 3.0 EM MINHA EMPRESA?

Se um dos homens mais ricos do mundo, Warren Buffett, já disse que são necessários 20 anos para construir uma reputação e apenas cinco minutos para destruí-la, por que não investir na qualificação e na expansão de canais de SAC?

Uma marca efetivamente disponível por telefone, *site*, *chat*, *e-mail*, Facebook, Twitter está mais próxima do cliente e é mais eficiente. Isso porque ela está disponível no momento em que o consumidor precisa e no canal que ele prefere utilizar. A inclusão dos meios digitais no atendimento ao cliente diminui o tempo de resposta (considerando que uma mesma pessoa pode gerenciar chamados simultâneos), reduz custos, permite automatizar respostas para problemas recorrentes e, por último, o mais importante: aumenta a satisfação do cliente. Em resumo, o SAC 3.0 pode trazer os seguintes benefícios:

- *insights* para sua marca;
- *feedbacks* de seu produto ou serviço;

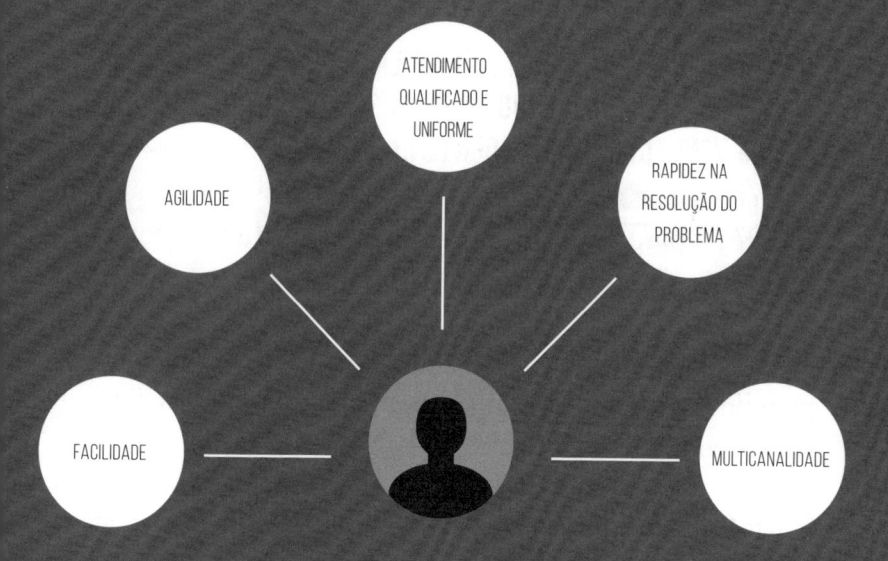

Figura 12.3 – Benefícios que resultam na satisfação do cliente.
Fonte: O autor.

- baixo custo no atendimento;
- agilidade no atendimento;
- conversão de agressores em *lovers*;
- reconhecimento dos clientes como uma empresa preocupada com o usuário.

Para maximizar os benefícios do SAC 3.0, é imprescindível seguir algumas regras básicas e fáceis:

MANTER EM SEU *SITE* UMA FERRAMENTA DE ATENDIMENTO QUE POSSIBILITE AO CONSUMIDOR CONVERSAR EM TEMPO REAL COM ALGUM VENDEDOR OU ATENDENTE DA EMPRESA. Estar sempre a um clique de resolver os problemas pode ser uma grande estratégia para aumentar o sentimento positivo do consumidor em relação a sua marca.

TREINAR E CAPACITAR SEUS ATENDENTES, a fim de que consigam lidar com a dinâmica do atendimento e do relacionamento com seus clientes.

SER UM VERDADEIRO "CAMALEÃO" NO ATENDIMENTO. O objetivo principal aqui é adaptar-se a qualquer cliente e conversar de forma distinta com cada um. Esqueça aquele atendimento em escala, no qual o cliente é apenas um número ou um chamado de atendimento.

INFORMAR E DIVULGAR A SEUS CONSUMIDORES OS CANAIS DE ATENDIMENTO DA EMPRESA. É imprescindível que o público saiba os canais corretos para entrar em contato com a empresa.

QUAIS SÃO OS PRINCIPAIS ERROS EM SAC 3.0 QUE AS EMPRESAS COMETEM?

O excesso de matérias e revistas falando sobre o SAC 3.0 e, principalmente, o fácil acesso às ferramentas e aos novos canais de atendimento levam as empresas a migrar rapidamente para essa novidade. O problema surge quando isso é feito sem nenhum cuidado ou planejamento. Várias empresas já se deram mal nas redes sociais por cometerem erros que poderiam ter sido evitados se houvesse um melhor planejamento e se o foco fosse o consumidor, que, afinal de contas, é quem procura o perfil das empresas nas redes para manter um relacionamento com elas. A seguir, serão apresentados os principais erros cometidos no SAC 3.0.

ACHAR QUE RESPONDER É RESOLVER

Não adianta responder de forma rápida aos consumidores se essas respostas não resolverem de vez os problemas de seus clientes. O acompanhamento de cada problema e o foco no resolver é o que faz a diferença.

RESPONDER APENAS A ALGUNS CLIENTES NAS REDES SOCIAIS

Esta é uma questão de expectativa gerada nos consumidores. Deixar de responder a uma dúvida ou um pedido de atendimento pelas redes sociais é um dos piores erros que se pode cometer.

A partir do momento que você comunica um canal oficial da marca, você é responsável por atender todos seus clientes também por ali. Ou você deixaria um cliente esperando no telefone até a ligação cair? Monte uma operação que dê suporte ao atendimento desses clientes e que possibilite atender todos seus consumidores.

EXPOR DEMAIS SEUS PROBLEMAS OU SEUS CONSUMIDORES

Ao iniciar um atendimento em canais abertos, como Facebook ou Twitter, chame o cliente para uma conversa privada, mesmo que a conversa tenha sido iniciada na página principal. Explique ao cliente que, na conversa privada, os dados pessoais dele estarão preservados. Isso evitará que você exponha seus problemas e conservará suas relações com seus clientes.

COLOCAR O FAMOSO "SOBRINHO" PARA GERENCIAR SEUS CANAIS SOCIAIS

Infelizmente, este é um dos erros mais praticados. O fato de você dirigir um carro todos os dias não faz de você um piloto profissional de corridas. A regra se aplica a qualquer outra área: o simples fato de as pessoas estarem no Facebook ou no Twitter não faz delas especialistas em atendimento aos clientes ou em redes sociais.

Contrate pessoas que sejam especialistas na área. Se você não tiver dinheiro para contratar um especialista, invista no aperfeiçoamento por meio de cursos espalhados pela internet. Lembre-se de que o perfil de sua empresa nas redes sociais não é apenas um perfil, é sua empresa na internet.

FAZER PROPAGANDA OU POSTAR CONTEÚDO EM EXCESSO

Planeje e desenvolva conteúdo que realmente tenha valor para seus clientes. O foco da publicação de conteúdo sempre deve ser ajudar seus consumidores no dia a dia. Quem posta demais costuma ser excluído dos perfis dos usuários, principalmente dos mais exigentes.

O melhor é possuir um calendário e programar suas publicações. Existem *softwares* gratuitos que fazem todo o gerenciamento de seu conteúdo e indicam até os melhores dias e horários para postar, como também os temas que favorecem maior engajamento dos consumidores. Isso mesmo, tudo de graça.

PERDER A PACIÊNCIA

Existem consumidores que dedicam um bom tempo a provocar as empresas em seus canais oficiais. É a famosa procura pelos "15 minutos de fama". Mantenha a calma e relacione-se com o consumidor de forma privada e com muito profissionalismo. Foque sempre a resolução do problema e a satisfação do seu consumidor. Se o consumidor persistir em insultos pesados e você perceber que seu objetivo é apenas prejudicar, e não resolver a situação, ignore-o!

NÃO TER MÉTRICAS CLARAS DE RESULTADO

Defina métricas para medir o atendimento e, também, os principais motivos dos atendimentos. Veja, a seguir, alguns exemplos de métricas.

Meça a **quantidade de solicitações de atendimento**, isto é, o número absoluto de pessoas pedindo informações, reclamando ou elogiando. Aqui, você deve contabilizar todas as pessoas que entraram em contato com sua empresa em determinado período.

Mensure o **número de respostas**. Para chegar nessa métrica, você deve contar a quantidade de interações feitas pela equipe de atendimento por meio dos canais oficiais da marca.

Não adianta saber o total de contatos e interações se você não souber o **índice de satisfação** desse atendimento. Então, crie uma planilha com os chamados e classifique cada um como positivo, neutro ou negativo. Lembre-se de que essa classificação pode mudar de acordo com a finalização do chamado. Por exemplo, o cliente pode chegar até o atendimento xingando um produto, mas, após o atendimento, a visão dele em relação à empresa pode ser revertida, levando-o a criar um novo interesse pela marca.

Determine um **tempo médio de resposta** (não existe um tempo médio padrão; nesse caso, defina o tempo de acordo com seus atendentes e a rotina de sua empresa). O importante é retornar ao cliente o mais rápido possível. Como citado anteriormente, o cliente quer atenção, quer o problema resolvido o quanto antes. Então, mesmo que a solução desse problema dependa de outros setores, ao menos responda que o caso já está no setor responsável, aguardando um prazo para sua resolução. Deixe o cliente por dentro do que está acontecendo.

Existem várias pessoas impacientes no planeta Terra, e é claro que isso reflete no atendimento e também precisa ser contabilizado. Por isso, conclua seu relatório de atendimento acrescentando a **quantidade de reclamações de cada usuário**.

COMO UTILIZAR O SAC 3.0 EM MINHA EMPRESA (PASSO A PASSO)

Como em qualquer outra atividade empresarial, começar algum projeto requer horas de planejamento, e uma área tão crucial quanto o atendimento de nossos clientes não poderia ser diferente. As pessoas envolvidas, o fluxo dos principais processos, os canais de comunicação e até o tratamento das informações são pontos que devem ser considerados nessa fase. Para facilitar a implantação, descreveremos, a seguir, um passo a passo para a implantação do SAC 3.0 nas empresas.

1. LEVANTAMENTO DOS CANAIS

Nesta etapa, é primordial identificar as principais redes em que seus consumidores estão inseridos. Uma boa alternativa para fazer esse levantamento é lançar mão de *softwares* de monitoramento de mídias sociais e, é claro, da boa e velha referência no mercado.

Crie uma conta gratuita em *softwares* de monitoramento de mídias sociais. Cadastre termos de pesquisa de seus principais concorrentes, de produtos relacionados a sua empresa e, também, de grandes *benchmarking*. Os canais com maiores demandas de reclamações, opiniões ou discussões devem ser anotados e levados em consideração na escolha.

Além disso, estude os canais dos concorrentes e, também, referências de atuação. Elas podem lhe dar uma boa dica quanto aos canais de seus clientes.

2. ALINHAMENTO DO DISCURSO

Neste passo, o mais importante é responder à seguinte pergunta: indiferentemente do canal, como deve ser o discurso e a personalidade de minha empresa nos canais de atendimento? Faça reuniões internas e principalmente com seus clientes. Cada mercado possui sua particularidade; assim, o objetivo desta etapa é descobrir o que vai fazer você se diferenciar no atendimento e se tornar único para seu cliente.

3. DEFINIÇÃO DA EQUIPE

Dedique-se a descrever o perfil ideal e a quantidade de pessoas que vão representar sua empresa nos canais de atendimento. É muito importante que os profissionais estejam alinhados com a etapa anterior, isto é, com o discurso de atendimento. Se sua empresa quer ter uma imagem *friendly*, o perfil do profissional a ser contratado ou treinado precisa ser *friendly* ou algo muito próximo a isso.

4. DETERMINAÇÃO DAS MÉTRICAS DE SUCESSO

Para ter sucesso em qualquer projeto, é inevitável a mensuração dos resultados mensalmente. Nos projetos de SAC 3.0 isso não seria diferente. Construa suas métricas e saiba descrever qual é o principal objetivo de sua marca nos canais sociais.

Após definir o principal objetivo, é hora de descrever as métricas para atingi-lo. Por exemplo, se nosso objetivo é dar suporte aos clientes, podemos criar métricas como taxa de perda de clientes, satisfação dos clientes, quantidade de suportes por cliente, etc.

5. DEFINIÇÃO DAS FERRAMENTAS DE GESTÃO

Após estabelecer o objetivo e criar as métricas, é hora de definir e automatizar os processos de SAC 3.0 na empresa. Faça uma lista dos *softwares* que mais se adaptem a seus processos e às métricas de sucesso de seu projeto. Você pode realizar esses gerenciamentos de forma manual, mas isso pode dar um trabalho maior e até trazer lentidão aos processos e à tomada de decisão. Hoje em dia, existem *softwares* gratuitos na internet para fazer todos esses gerenciamentos.

6. REALIZAÇÃO DE ACOMPANHAMENTO

Agende reuniões semanais ou quinzenais com sua equipe para gerir os números e as expectativas de seus clientes. Esse processo é primordial para o sucesso do projeto.

CASE 1
ATENDIMENTO ACIMA DE TUDO (ZAPPOS.COM)

A empresa de *e-commerce* de sapatos, bolsas e acessórios Zappos.com, dos Estados Unidos, possui um *case* interessante de atendimento. Os atendentes fazem de tudo para auxiliar os clientes que entram em contato. Uma vez, um cliente entrou em contato com a Zappos.com pela madrugada para solicitar uma *pizza*. Mesmo sem o *e-commerce* ter *pizza* para vender ao cliente, o atendente procurou e disponibilizou vários números de pizzarias que funcionavam 24 horas na região do cliente (ele era de Santa Mônica e o atendimento fica em Las Vegas). O CEO Tony Hsieh transformou essa história em um livro, que, no Brasil, foi publicado com o título *Satisfação garantida*.

Esses pequenos gestos no atendimento mexeram nos indicadores da Zappos.com: houve um aumento de seu faturamento de 1,6 milhões de dólares/ano para 1 bilhão de dólares/ano em menos de 10 anos vendendo exclusivamente pela internet. Além disso, a empresa repassou a verba que era gasta em publicidade para gastos que se revertem em benefícios para o cliente: melhora na entrega dos produtos, aumento da garantia e disponibilidade de atendentes no *call center* da empresa 24 horas por dia.

CASE 2
HUMANIZAÇÃO DO RELACIONAMENTO COM O PÚBLICO (PREFEITURA DE CURITIBA)

As redes sociais da Prefeitura de Curitiba (PR) dão uma lição de conteúdo e relacionamento com o cliente na internet. A "Prefs", como carinhosamente é chamada por seus fãs, não apenas responde, mas também se relaciona, conversa e cria diálogos em uma linguagem adaptada a seu público-alvo.

A página da Prefeitura no Facebook consegue unir informações acerca de questões públicas com uma linguagem leve e criativa, propiciando o envolvimento do público sem tornar o assunto, de maneira nenhuma, algo maçante e cansativo. Isso é humanizar a marca e adequar-se para atender o público, criando laços e proximidade.

CASE 3
MULTICANALIDADE NO ATENDIMENTO AO PÚBLICO (CONTAAZUL)

A empresa ContaAzul, de Joinville (SC), possui um sistema de gestão na nuvem (100% *on-line*) para micro e pequenos negócios. Foi a primeira *startup* brasileira selecionada pelo 500 Startups, um dos principais programas de aceleração de negócios do Vale do Silício. Ficou incubada nos Estados Unidos por quatro meses, recebendo mentoria sobre *design*, distribuição *on-line* e métricas. Essa experiência trouxe uma *expertise* de SAC 3.0 à empresa.

Dentro do *site* da ContaAzul, é possível perceber que há uma **multicanalidade** para o público (o microempreendedor) tirar todas as dúvidas que surgem ao empreender. Assim, a equipe está sempre disponível em diversos canais, que incluem 0800, mídias sociais, FAQ e materiais educativos. Esse atendimento ao empreendedor traz um acolhimento de público imensurável e, irrefutavelmente, aproxima o *target* da marca.

ÍNDICE

Números de páginas
seguidos de f referem-se a figuras
e q a quadros.

99Designs, 159

A

Assessoria de imprensa, 82-109
   como integrar a meu *marketing* digital, 99
   blog como principal fonte de informações de seu mercado, 102
   considere os veículos digitais em sua estratégia de divulgação, 99
   divulgação *on-line* amplia relevância da empresa nos mecanismos de busca, 100
   fique nas principais posições do Google não só com seu *site*, 100
   interaja com os formadores de opinião de seu segmento, 100
   presença digital relevante com uma boa assessoria de imprensa amplia a geração de *leads*, 101
   como utilizar em minha empresa, 97
   o que é, 83
   como essa informação chega aos veículos, 84A
   onde surgiu e quais são suas referências, 85
   personalização no *e-commerce* chegou ao noticiário (case 1), 102
      a empresa, 102
      como fizemos, 103
      resultados alcançados, 106
   por que usar em minha empresa, 90
   quais são os principais erros que as empresas cometem, 91
      achar que a assessoria de imprensa vende produtos, 94
      achar que seu negócio é "o melhor do mercado", 93
      achar que seu negócio não tem concorrente, 93
      antecipar informações que ainda não estejam consolidadas, 92
      confundir assessoria de imprensa com ação de *marketing*, 94
      confundir matéria espontânea com matéria paga, 91
      driblar o assessor e ligar direto para o jornalista, 96
      exagerar na perspectiva de resultados de sua empresa, 92
      não envolver o parceiro/cliente na comunicação de um negócio, 95
      não envolver o parceiro/cliente na comunicação de uma solução, 95
      usar o *press release* para inflar o ego do CEO, 95
   quem deve usar, 88
   solução para um problema crônico no comércio (case 2), 107
      a empresa, 107
      como fizemos, 108

B

Branding, força da estratégia de marca, 26-52
   10 mandamentos, 48
      atente às comunidades que podem se interessar por sua marca, 50
      comece o quanto antes, 50
      desenvolva um universo sensorial para sua marca, 49
      entenda como sua marca se comunica, 49
      entenda quais são suas ferramentas para divulgar suas ideias, 49
      entenda qual é seu tom de voz, 49
      lembre-se do poder do não, 51
      lembre-se de que o *branding* não termina nunca, 50
      procure um especialista, 50
      saiba como sua marca reage a determinadas situações, 48
      saiba por que sua marca reage a determinadas situações, 48
      seja verdadeiro, 49
      sua empresa pode usar o branding, 50
   círculo dourado, 38, 41f
      how (como), 40
      what (o que), 40
      why (por que), 40
   conta o milagre e diz o nome do santo, 32
   esquemas de empresas de destaque, 43f
   etapas da construção de marcas, 47f
   ideia da mente e no coração, 44
   marcas são como pessoas, 33
   pela dor, 27
   pelo amor, 27
   presente para você, 36

C

CataMoeda, 107
Causa Brasil, 270
Chaordic, 102
Círculo dourado, 38, 41f
   how (como), 40
   what (o que), 40
   why (por que), 40
Cliente Alvo, 185

Comarketing, como escalar seu negócio usando, 148-165
  atingir um público novo, 149
  como utilizar ações em minha empresa, 155
    determine objetivos (2º passo), 156
    encontre o parceiro certo (1º passo), 156
    estabeleça prazos e expectativas (3º passo), 157
    disponibilização de ferramenta on-line gratuita (case 3), 161
      página da ferramenta, 162f
      resultado, 162
    formatos possíveis para o, 152
      artigos em blogs corporativos, 152
      e-books, 152
      eventos presenciais, 155
      ferramentas gratuitas, 154
      infográficos, 153
      vídeos, 153
      webinars, 154
    obter conhecimentos adicionais sobre um tópico que a empresa não domine, 149
    organização de webinar (case 2), 160
      página de acesso ao vídeo do webinar, 160f
      resultado, 161
    produção de e-book (case 1), 159
      página de acesso para o download do e-book, 159f
      resultado, 160
    produção de material para evento (case 4), 163
      capa do material, 163f
      resultado, 164
  reduzir os custos pela metade e dobrar o poder do impacto promocional, 150
  um mais um, mais que dois, 149
  versus cobranding, 150
    exemplo de cobranding, 151f
Conta Azul, 296
Contentool, 144, 159, 160, 161, 163
Conteúdo digital, geração de, 110-147
  anúncio Man in the chair, publicado na Businessweek em 1958, 116f
  capas da The Furrow, revista da John Deere, de 1931 e 2013, 113f
  como criar uma estratégia de marketing de conteúdo efetiva, 119
    dinheiro, 119
    mensagem, 119
    mensuração, 120
    mercado, 119
    mídia, 119

  missão, 119
  conteúdo como gerador de demanda, 112
  conteúdo, reinado do, 111
  dinheiro, quanto investir, 138
    exemplo de tabela para o cálculo do ROI, 139t
    mensagem, a jornada do cliente e o funil do marketing, 126
    conteúdo para o fundo do funil, 131
    conteúdo para o meio do funil, 130
    conteúdo para o topo do funil, 129
    funil do marketing, 128f
    funil do marketing, grupos de pessoas, 128f
    informações e tipos de conteúdo de fundo do funil, 131q
    informações e tipos de conteúdo de meio do funil, 131q
    informações e tipos de conteúdo de topo do funil, 130q
    vale lembrar, 132
  mensuração, KPIs para o marketing de conteúdo, 139
    métricas de acesso, 141
      local de origem, 141
      principais links de origem, 141
      visitantes únicos, 141
    métricas de conversão, 142
      número de novos leads, oportunidades e clientes, 142
    métricas de engajamento, 141
      mapas de calor e padrão de cliques, 141
      páginas visitadas, 142
      tempo médio de permanência, 141
    métricas de relacionamento, 142
      comentários no blog e nas redes sociais, 142
  mercado, como identificar o cliente-alvo, 120
    atividades diárias, 122
    dados gerais, 122
    fontes de informação às quais recorre no dia a dia, 122
    impeditivos e obstáculos, 122
    papel no processo de compra, 122
    passo a passo que percorreu até encontrar a solução, 122
    problema que enfrenta/enfrentou, 122
    valores e objetivos de vida, 122
  mídia, os canais de divulgação, 132
    canais ganhos, 134
    canais pagos, 136
    canais próprios, 132
      localizações do anúncio do conteúdo no Facebook Ads, 137f

missão, objetivos que o conteúdo ajuda a atingir, 123
adquirir clientes, 125
conquistar uma audiência apaixonada, 126
construir percepção de marca e autoridade no tema, 123
converter *leads*, 124
melhorar ranqueamento nas ferramentas de busca, 124
oferecer suporte e atendimento ao cliente, 125
reter e fidelizar clientes, 126
novo processo de compra, 114
pioneirismo no uso de infográficos (case 1), 143
    página inicial do *site* da Mint, 143f
rápido crescimento com *marketing* de conteúdo (case 2), 144
    página inicial do *site* da Contentools, 145f

D

Design e o UX, 54-81
Dito, 160
Donuz, 187

E

Elsevier, 202
Empreendedorismo
    a palavra, 11
    aprendendo com a jornada, 22
    empreendedor brasileiro, 17
        autoconfiança (comportamento empreendedor), 19
        "busca do milhão" (modelo de gestão), 22
        coragem para aceitar riscos (comportamento empreendedor), 19
        democrático (modelo de gestão), 20
        desejo de protagonismo (comportamento empreendedor), 19
        herdeiro (modelo de gestão), 21
        idealista (modelo de gestão), 22
        líder (modelo de gestão), 20
        "meu jeito" (modelo de gestão), 21
        nato (modelo de gestão), 21
        otimismo (comportamento empreendedor), 18
        paternalista (modelo de gestão), 20
        resiliência (comportamento empreendedor), 19
        situacionista (modelo de gestão), 21
        trator (modelo de gestão), 20
        visionário (modelo de gestão), 20

Endeavor, 12
    fracasso, 22
    no Brasil, 10-24, 13
    sucesso, 22
Exact, 236

F

Fluxo de nutrição, 190-210
    alguns benefícios de utilizar uma campanha de nutrição de *leads*, 193
        capacidade de análise dos resultados e de ajustes no processo, 195
        envio de *e-mails* segmentados e relevantes, 193
        estabelecimento de *follow-up* de maneira organizada e disciplinada, 194
        facilidade e economia de tempo dos profissionais, 193
        geração de maior volume de oportunidades, 194
        geração de oportunidades mais qualificadas, 195
        vendas melhores e maiores, 195
    aumento da produtividade (case 2), 204
        ferramentas usadas, 206
            análise, 206
            automação de *marketing*, 206
            landing pages, 206
            segmentação de *leads*, 206
        o que foi feito, 205
        resultados, 206
        sobre a empresa, 205
    como utilizar em minha empresa, 198
        aprendizado e descoberta, 199
        consideração da solução, 200
        decisão de compra, 200
        identificação da persona e entrevista com clientes, 198
        mapeamento da jornada, 199
        reconhecimento do problema, 199
    entrega do conteúdo, 200
    geração de resultados para clientes (case 3), 207
        ferramentas usadas, 208
            análise, 208
            automação de *marketing*, 208
            landing pages, 208
            segmentação de *leads*, 208
        o que foi feito, 208
        resultados, 209
        sobre a empresa, 207

o que é, 191
otimização de conversões do funil (case1), 202
  ferramentas utilizadas, 203
  análise, 204
  automação de *marketing*, 203
  base de *leads*, 204
  segmentação, 203
  o que foi feito, 203
  resultados, 204
  sobre a empresa, 202
por que usar em minha empresa, 192
principais erros que as empresas cometem, 196
  não mirar/segmentar a base, 197
  não pensar na jornada de compra, 197
  pensar que a ferramenta automatiza tudo, 196
  preenchimento de planilha de automação, 200
  utilização de ferramenta de automação, 201

G

Golden circle ver Círculo dourado

I

Inbound marketing, 166-189
  o que é, 167
  cinco pilares do, 168
    analisar, 170
    atrair, 168
    converter, 169
    relacionar, 169
    vender, 170
  como surgiu e quem pode usá-lo, 171
  como utilizar em minha empresa, 180
    ajustes e *setup* inicial, 180
      acompanhar relatórios diários, 181
      configurar subdomínio serviços de criação de *landing pages*, 180
      criar ou revisar contas em mídias sociais, 180
      integrar formulários a uma base, 180
      providenciar a instalação do Google Analytics, 180
    criação de *landing page*, 181
      criar a *landing page* para sua oferta, 181
      estudar os textos e os elementos de uma *landing page*, 181
      planejar os textos e os elementos de uma *landing page*, 181

    definição e produção de uma oferta para geração de *leads*, 181
      criar a oferta, 181
      escolher uma boa oferta (conteúdo) para geração de *leads*, 181
    promoção de *landing page*, 181
      definir diferentes formas de promover a oferta, 181
      enviar *e-mail* para a base, 182
      inserir *calls-to-action* no *site*, 182
      promover a oferta em redes sociais, 182
    fidelização de clientes (case 1), 182
      o que foi feito, 183
      resultados, 184
      sobre a empresa, 183
    mensuração e apresentação de resultados (case 2), 185
      ferramentas usadas, 186
      análise, 186
      base de *leads*, 186
      e-mail marketing, 186
      landing pages, 186
      o que foi feito, 186
      resultados, 187
      sobre a empresa, 185
    otimização de conversões do funil (case 3), 187
      ferramentas usadas, 188
      análise, 189
      automação de *marketing*, 189
      landing pages, 189
      o que foi feito, 188
      resultados, 189
      sobre a empresa, 187
  por que usar em minha empresa e como ter sucesso, 172
    aumentar a produtividade, 174
    fidelizar clientes, 176
    gerar *leads* qualificados, 172
    mensurar e mostrar resultado, 175
    otimizar conversões do funil, 173
      fundo do funil, vendas e retenção, 174
      meio do funil, preparação dos *leads* para a compra, 174
      topo do funil, geração de tráfego e *leads*, 174
    reduzir custo de aquisição de clientes (CAC), 175
    ser referência na internet, 173
    vender para *leads*, 173
  principais erros que as empresas cometem, 176
    marketing digital não é guiado por pesquisa de palavras-chave, 177

não medir de onde seus clientes são provenientes, 179
não ter grandes chamadas no site, 178
não ter grandes ofertas no site, 178
não ter páginas de conversão otimizadas no site, 178

L

Lince Marketing Digital, 207

M

Marca, força da estratégia de, 26-52
Mellow Mushroom, 182
Mettzer, 77
Mídias digitais, monitoramento de, 258-275
  Barack Obama no Centro de Comando de Mídias Sociais da Cruz Vermelha, 262f
  como utilizar em minha empresa, 267
    definir seus termos de busca, 268
    definir suas métricas, 269
    escolher as mídias sociais, 268
    trabalhar com filtros, 268
    utilização de tags e categorias, 269
  identificação de oportunidades de negócios (case 2), 272
    lançamento, 272
    material de divulgação dos resultados do case da Tecnisa, 274f
    pré-lançamento, 272
  monitoramento de causas de protestos (case 1), 270
  print screen do hotsite, 271f
  print screen do vídeo case apresentado no SXSW 2014, 271f
  o que é, 259
  onde surgiu e quais são as suas principais referências, 260
  por que usar em minha empresa, 263
    análise de comportamento do público (behavioral targeting), 264
    engajamento proativo, 265
    experiência equilibrada do consumidor nos pontos de contato com a marca, 265
    identificação de oportunidades e geração de negócios, 264
    identificação e gerenciamento de crises, 265
    redução de custos com aumento da satisfação dos clientes, 265
  principais erros que as empresas cometem, 266
  quem deve usar, 262
Mint, 143

P

Ponteiras Rodrigues, 204
Prefeitura de Curitiba, 295
Pré-venda, qualificação de leads por, 212-240
  capa da edição em português do livro de Neil Rackham, 222f
  como implementar na minha empresa, 232
    estratégica, 234
      CAC, 234
      churning rate, 234
      LTV, 234
      princípio de Pareto, 234
    operacional, 235
    panorama mundial, 235
    tática, 234
  imagem ilustrativa de funil, 219f
  imagem ilustrativa do sniper (tração), 233f
  imagem ilustrativa do spotter (atração e segmentação), 233f
  maior crescimento do Brasil com a implantação da pré-vendas (case 2), 238
    panorama encontrado, 238
    resultados, 239
    sobre a empresa, 238
    soluções utilizadas, 239
  o que é, 213
    aprofundar dados de mercado, 213
    detectar a dor do lead, 213
    qualificar o cliente potencial (o lead), 213
    onde está localizada no processo de vendas, 216
      atração ativa, 216
      atração passiva, 216
      nutrição, 217
      retenção, 217
      segmentação, 217
      tração, 217
  onde surgiu e quais suas principais referências, 218
    cold calls, 218
    perguntas de implicação, 221
    perguntas de necessidade, 221
    perguntas de problema, 221
    perguntas de situação, 220
    pré-vendas 1 (qualificação), 218
    pré-vendas 2 (detecção de dor), 220

pré-vendas 3 (coleta de dados ricos para inteligência mercadológica), 220

panorama das empresas brasileiras, 226

    nem todos que têm interesse estão de fato prontos para comprar, 227

    profundo, 228

    superficial, 227

por que usar em minha empresa, 214

    aumento da eficiência de vendas, 214

    aumento do faturamento, 214

    detecção do momento exato em que o *lead* se encontra, 215

    diminuição do CAC, 214

    melhor entendimento sobre seu mercado, 215

    redução no tempo de negociação, 214

principais erros que as empresas cometem, 223

    conclusão eliminatória, 224

    conclusão intuitiva, 223

    foco em volume, e não em qualidade de visitas, 225

    subutilização da área, 225

    tentativa de venda ao telefone, 224

quem deve usar, 222

redução do tempo de negociação e melhoras no faturamento de clientes (case 1), 236

R

Resultados Digitais, 161

S

Serviço de atendimento ao consumidor 3.0, 276-296

    atendimento acima de tudo (case 1), 294

    benefícios que resultam na satisfação do cliente, 285f

    como utilizar em minha empresa, 291

    alinhamento do discurso, 292

    definição da equipe, 292

    definição das ferramentas de gestão, 293

    determinação das métricas de sucesso, 293

    levantamento dos canais, 292

    realização de acompanhamento, 294

    evolução dos canais, 281f

    exemplos de canais existentes, 279f

    humanização do relacionamento com o público (case 2), 295

    multicanalidade no atendimento ao público (case 3), 296

    o que é, 277

    onde surgiu e quais são suas principais referências, 280

    por que usar em minha empresa, 284

    divulgar a seus consumidores os canais de atendimento da empresa, 286

    informar a seus consumidores os canais de atendimento da empresa, 286

    manter em seu site uma ferramenta de atendimento, 286

    ser um verdadeiro "camaleão" no atendimento, 286

    treinar e capacitar seus atendentes, 286

    principais erros que as empresas cometem, 287

    achar que responder é resolver, 287

    colocar o famoso "sobrinho" para gerenciar seus canais sociais, 288

    expor demais seus problemas ou seus consumidores, 288

    fazer propaganda ou postar conteúdo em excesso, 289

    não ter métricas claras de resultado, 290

    perder a paciência, 289

    responder apenas a alguns clientes nas redes sociais, 288

quem deve usar, 282

T

Tecnisa, 272

U

UX e o *design*, 54-81

    como utilizar, 74

    acompanhar o desempenho para melhorias contínuas no produto, 76

    compilar os dados de campo, encontrar os padrões, 75

    construir o desempenho para melhorias contínuas no produto, 76

    construir um protótipo, 75

    definir suas hipóteses iniciais, 74

    entender a fundo a dor e as necessidades de seu usuário, 75

    fazer *brainstorms*, 75

    gerar *insights*, 75

    identificar quais são suas caraterísticas e limitações, 74

    identificar quem é seu público-alvo, 74

    testar e validar se você está no caminho certo, 76

    disciplinas no meio digital, 57f

    evolução dos usuários no sistema, 62f

interface de *software* (case 1), 77
arquitetura de informação e testes de usabilidade (passo 4), 79
compilação das entrevistas (passo 3), 79
conceito gráfico, *styleguide* e *front-end* (passo 5), 80
conversa com o cliente (passo 1), 77
entrevistas com os usuários (passo 2), 78
não constituem, 56
design visual, 56
proposta de valor inventada, 56
usabilidade, 56
níveis de dor no usuário, 60f
o que é, 55
pontos de contato em que mais faz diferença em uma *startup*, 58
landing page ou o *hotsite* do produto, 59
proposta de valor, 58
uso do produto/dia a dia, 61
uso do produto/primeiro acesso, 61
por que usar, 67
aumentar a vantagem competitiva, 68
aumentar as possibilidades de inovação, 69
conquistar a fidelidade dos usuários, 69
deixar o usuário satisfeito, 69
diminuir a quantidade de "tiros errados", 71
diminuir as chances de rejeição do produto, 70
diminuir as ligações de suporte e reclamações, 71
evitar retrabalho, 71
oferecer algo realmente útil, 68
proporcionar boas experiências, 69
reduzir a necessidade de treinamento, 71
reduzir custos, 70
saber agregar valor, 68
surpreender os usuários para mantê-los mais felizes, 70
usar recursos para ganhar a confiança do cliente, 70
principais erros que as empresas cometem, 72
desconhecer as necessidades do usuário, 73
direcionar o produto para um público-alvo errado, 73
não pensar desde o começo do projeto, 72
principais pontos de uma boa experiência, 63
desejabilidade (topo da pirâmide), 65
pirâmide da boa experiência, 64f
usabilidade (meio da pirâmide), 65
utilidade (base da pirâmide), 63
quem deve usar, 65
empresas de tecnologia, 66

startups, 66

V

Vendas complexas, 242-257
CAC, 246
empresa está em fase de introdução do produto, 247
sua empresa já venceu a fase de introdução do produto, 247
como fazer uma boa venda em mercados de, 254
apresentação da solução, 255
entendimento da situação, 254
follow-up dedicado, 256
proposta, 255
customer relationship management (CRM), 251
etapas de um gerenciamento de, 247
portões, 248
processos, 248
follow-up, 251
forecast de vendas, 250
LTV, 246
empresa está em fase de introdução do produto, 247
sua empresa já venceu a fase de introdução do produto, 247
inside sales, 245
o que são, 243
amostras de produtos, 243
orçamento individual por cliente, 244
pré-projeto, 244
trials, 243
visitas presenciais, 243
pipeline de vendas, 249
principais erros em vendas técnicas que as empresas cometem, 252
embasar sua estratégia de comunicação em fatores superficiais, 252
inflar o *pipeline* de vendas, 253
não saber ouvir o não, 253
vender a tecnologia, e não a solução, 252

W

Welle Laser, 238

Z

Zappos.com, 294
Zendesk, 163